小さなことにくよくよしない 88の方法

リチャード・カールソン

和田秀樹 訳

フジモトマサル イラスト

三笠書房

DON'T SWEAT THE SMALL STUFF FOR MEN
by Richard Carlson, Ph. D.

Japanese translation and electronic rights arranged
with Carlson LLC c/o The Fielding Agency, LLC, Tiburon, California
through Tuttle - Mori Agency, Inc., Tokyo

訳者のことば

心と体が〝グッと前向き〟になる きわめて具体的&簡単な88の方法

和田　秀樹

本書の著者、リチャード・カールソンは、『小さいことにくよくよするな！』が全米で500万部を突破する大ベストセラーになったことで一躍、世界中から注目されるようになった、アメリカの気鋭の心理学者。

今ではこの「小さいことにくよくよするな！」シリーズは世界24カ国で愛され、累計2650万部を超えています。特に全米では子供からお年寄りまで長年読み継がれている〝バイブル的存在〟になっています。

シリーズの中でも本書は、「自分を変える方法」を具体的に教えてくれる〝価値ある1冊〟であると、自信をもってお勧めします。

カールソンの人間心理への考察もさらに深まり、随所で「さすが」と私は思わずうなり、感動させられました。自己啓発書の中でも抜きん出た1冊と言えるでしょう。

この本では、人間関係、家庭、仕事で「もう、くよくよしない自分」をつくる88の簡単な方法が、きわめて具体的に提案されているところが、まず魅力。

自分に「自信をつける」大きな助けとなる〝英知〟がつまっています。

人間というのは、ちょっとしたことで落ち込んで、「今」を上手に生きられなくなるものです。カールソンは、そんな私たちに自分を変えるための簡単で気のきいた〝考え方〟を授けてくれます。

「友人にお説教を頼む」「小さな進歩に注目する」「1時間だけ悩んであとは忘れる」……など、誰でもすぐに実行できて、しかも劇的効果のあるアドバイスが惜しみなく述べられた、とても有益な本です。

ほんのちょっとした気遣いや、思いやりや、ねぎらいや、ほめ言葉で、人間の気持ちがどんなにガラッと変わるか——。

自分にとっては大問題でも、少し客観的な視点で見ると、私たちはいかにささいなことに怒り、囚われるものか――本書で実感してほしいと思います。

あとは、あなたが「いつ」、「実行するか」です。
本書に書かれている88のヒントのうち、あなたが一番やりやすそうなものだけでいいのです。

一つでも二つでもいいから実行に移せるかどうかにかかっています。

賢明な読者の皆様が「もう、くよくよしない心」を手に入れ「自信に満ちた自分」になれるかどうかは、唯一それにかかっていると、あえて断言します。

もくじ

1章 いやでも、やる気が湧いてくる12の〝1行アドバイス〟

2章 無理なく「困難を乗り越えられる」〝頭のいい考え方〟29

「こうじゃなきゃ」より「こうだといいな」！

3章

あらゆる人間関係が劇的に〝よくなる〟シンプル・ルール19

「人は人」「自分は自分」だから……

4章

もっと〝元気で楽しい〟自分になれる！ 12の方法

グングン〝心の底力〟が湧き出すアイデア

5章

〝今〟が出発点！「なりたい自分に変わる」16のマジック

〝心の魔法薬〟をもう、あなたは手にしている！

1章

いやでも、やる気が湧いてくる
12の〝1行アドバイス〟

たとえば「今日あったいいニュースを3個数える!」

Don't Sweat the Small Stuff

1 生きていること自体が「奇跡」！

あと2時間しか生きられず、たった一人にしか電話できないとしたら……。

誰に電話をかけて、何を話しますか？　それに、なぜ、じっと待っているのですか？

これは、作家、スティーヴン・レヴァインの著書を読んでいて、思わずひきつけられた文章だ。生きていることがどんなに貴重なことかを教えてくれる言葉で、私の視野を大きく広げてくれた。

あとどれくらい生きられるのか、誰にもわからない。

50年かもしれないし、50日かもしれない。

自分があと何年（あるいは何日）生きられるかわからないと認めると、解放された気分になり、多くのことを多くの視点から見ることができるようになる。

何が本当に大切かに気づく。

私は時々この言葉を思い起こし、人生をより意味深いものにしたいと再確認している。そして、何が大切かを心にとめ、それを尊重し、優先順位を考えて一日一日を過ごそうと心がける。

想像してみてほしい。あなたの車がスリップして巨大なトレーラーと衝突、あなたは高速道路の中央に投げ出され、車はぺしゃんこになった。見物人がのぞき込んで「死んでいるぞ！」と叫んでいる。その瞬間、あなたは何を考えているだろう。「ああ、死ぬ前にあれをやっておけばよかった」「あの人にこの言葉を伝えたかった」という後悔の念が次から次へと押し寄せてくる。

実は、この自動車事故は、実際に私の身に起こったことだ。幸いにも命は助かったが、くるくるとスピンしている間に、人生観はまったく変わってしまった。

それまでこの上なく重要だと思っていたものが、突然、意味を持たなくなったのだ。

人生の最期は決まっている。「死」だ。

死を思うと、残り少ない銀行口座の残高、恋人や家族への不満、友人にダイエットを勧められたといったことは、突然重要なものでなくなる。

ビジネスでの失敗、上司に怒られたこと、車の型、ほしかった新しい家など、なお

さらだ。ほとんどのことがどうってことないのだ。

だが、あって当たり前だと思っていたもの——友人や恋人、子供、妻や夫からの愛情／自由／身近な自然／目が見えることなどが、突然、重大な意味を帯びてくる。

生きていること自体が不思議な魔法のようで、かけがえのないことに思える。

パートナーの嬉しそうな笑い声に、心の底から満たされ、思わず顔がほころぶ。

自然の美しさに心が震える。生命《いのち》という贈り物が何より尊いものに思える。

歩くということさえ、奇跡のように感じる。

ぺしゃんこになった車を見て、よくぞ命を守ってくれたと私は感謝の気持ちでいっぱいになった。「心ない言葉をかけられた」「仕事や人間関係で失敗した」といった、ささいなことに大騒ぎをする人がいる。

でも、「あと2時間しか生きることができない」と思ったら、どうだろうか？

そんな小さなことは、どうでもよくなるだろう。

この考え方を身につけることによって、あなたにとって「本当に大切なこと」がどんどんクリアになっていく。そして、小さなことにくよくよしなくなる。

どうか冒頭の言葉を読み返し、じっくり味わい、何度も思い出してほしい——。

Don't Sweat the Small Stuff

2 1日30時間あると思っていない?

私たちは、つい何でも引き受けてしまう習性がある。いいかげんアップアップしているくせに、まだその上に積み上げようとする。会社や家で長時間働き、よきパートナーとしての務めを果たそうとする。すべては頼まれたらノーと言えない性格が原因だ。

会議や飲み会に出席し、人の相談にのり、ボランティアをし、同僚の仕事を手伝ってやる。

仕事でも、家庭でも、友人の集まりでも新しい企画をどんどん引き受ける。会場のセッティングから掃除、おつかい、トラブル解決、商談成立……何にでも力を貸す。

こうして「やらなければならないことリスト」は際限なく膨れ上がり、いつまでたっても片づくことはない。そして、ほとんどの場合、人助けをしている、貢献しているのだと自分を正当化する。

「やらなければならないことリスト」に押しつぶされないための第1ステップは、当然のことながら、**リストをこれ以上、増やさないこと**だ。

つまり、ここまでという限界を決めて、ノーと言えるようにするのだ。

だが、あなたの生活を立て直すには、**いつ、何をやめるかを判断する勇気と知恵を身につける必要がある。**

スーザンは出勤前、早朝から地域の清掃活動に参加し、犬の散歩をし家族のお弁当をつくっている。フルタイムの仕事を持ち、片道1時間半かけて通勤している。3つのプロジェクト・リーダーを務め、週に1回は出張がある。週に3回、フラメンコや英会話教室といった趣味の時間を持ち、今度グループの幹事役も引き受けるつもりだ。

仕事関係の接待やパーティーにも月に何度も出席するという。

このままではどうにかなってしまうだろう。

勇気を奮い起こしていくつか仕事を断れば、スーザンの生活はどんなに楽になるだろうと思えてならない。

「勇気」という言葉を使うのは、自分を頼りにしている人を失望させるのは、なかなかつらいものだからだ。しかし、多くの場合、つらい思いをする価値はある。

これまで仕事や活動をやめる決断をした人を数多く見てきたが、後悔している人にはまだ会ったことがない。

それはなぜかと言うと、**理想的なペースで仕事をしていると、自分の能力を最高に発揮できるので、さらに周りの役に立てるからだ。**

心に余裕があるので、愛情にあふれ、しかも楽しくやれることにも気づける。

逆に、やるべきことを抱え込みすぎると、すべてが崩れ始める。

大切なことも見過ごしてしまう。

ミスをおかし、焦りまくり、苛立ち、何もかもうまくいかなくなる。

それに、一度何かを引き受けると、一度きりではすまないことが多い。

そのプロジェクトが継続している間は、それに拘束されることになる。私も、よく友人や会社に頼まれて仕事を引き受けるが、後々必ず何度も同じ貢献をすることを期待されることになる。

仕事を抱え込みすぎるのは、経済的に背伸びをすることに少し似ている。高級スポーツ・クラブの会員権、五つ星レストランでの食事、セカンド・カー、ブランド物の腕時計――そのうち一つならどうってことはない。だが、いくつも積み重なると、身を滅ぼすことになりかねない。

スケジュールも同じである。一つひとつは、そんなに時間はかからない。しかし、積み重なると悲惨だ。どうあがいてみても、1カ月は多くて744時間。仕事の時間、家族との時間、睡眠時間を削っても、思ったほど時間は捻出できない。唯一の手段は、仕事や活動を減らすことだ。

何をやめるかは、あなたが決めることだ。

だが、紙とえんぴつを手に心静かに考えてみれば、おのずと明らかになってくる。やめられないこともあれば、やめるなんて考えることすらできないこともあるだろう。では、それを除いたものを対象にすればよい。**「やめる」という行為があなたを救う。**

「やめる」というと何かを捨てるように聞こえるが、実際は得るもののほうが大きい。失っていた時間と、まともな生活を取り戻せるのだ。

それ以上に大切なことがあるだろうか。

Don't Sweat the Small Stuff

3

「95%はいい人」。5%の不愉快な人間は無視する！

「一日に20の仕事をして、そのうちの19はうまくいったとします。さて、夕食時に話題にするのはうまくいった仕事でしょうか。うまくいかなかった仕事でしょうか？」

こんな質問をすると、ほとんどの人が、うまくいかなかった一つのほうだと答える。

これは仕事に限らず、人間関係についても同じことが言える。

人を不快にさせる人のほうが、あなたの記憶に残ってしまうのだ。

そして、あなたは90パーセント、いや、95パーセントを占める、善良で思いやりにあふれた有能で公正な人たちのことは忘れてしまう。なんてもったいない！

今日一日を振り返ってみよう。今朝挨拶を交した同じマンションの住人、たまたま同じ電車に乗り合わせた人、職場の同僚や上司……。一人ひとりを振り返ってみよう。

タチの悪い不心得者はごくわずかで、大部分は心優しい親切な人たちだったのではないだろうか。私たちは一日に何十人もの人間と接するわけだが、その95パーセントはそこそこ礼儀正しく、親切で、有能だ。あなたを傷つけることもない。話の腰を折ったり、失敬なことを言ったりもしない。

人を不快にさせる人の言葉を重く受け止めてはいけない。そんな人たちのために気を遣ったり、時間を割いたり、彼らが言ったことで悩んだりする必要はない。そんなことでパワーを奪われてはいけない。彼らは人の注意を引き、それをエサにしているのだ。だから、こいつはダメだと思ったら、注意を払ってやったりせずに、「またか」と思ってにっこり笑おう。

これはシンプルではあるが、非常に有効な方法だ。

不心得者に遭遇したら、心を乱され、苛立ちを募らせるのではなく、それを「ほとんどの人はいい人だ」ということを思い出すきっかけにしよう。これこそ、ネガティブ・パワーをポジティブ・パワーに変換する、いい手だ。人を不快にさせる人は比較の対象としては役に立つが、ただそれだけのこと。人を不愉快な気持ちにさせる人によって〝自分が磨かれる〟なんて、毎日が楽しくなると思いませんか？

くだらないヤツらには関わるな！

Don't Sweat the Small Stuff

4 心がどしゃぶりの日も〝必要〟

窓の外を見ると、滝のような雨だ。どしゃぶりである。

気温は約7度。天気予報では、今夜は雪になるという。この地域では珍しいことだ。ラジオでも、リポーターらが、「明日はどうかいい天気になりますように」と繰り返し言っている。街を歩いても同じことだ。誰もがひどい天気だと文句を言い、早く回復すればいいのにと言う。どうやら、雨は悪者になっているらしい。

でも、実を言うと、これはこのシーズンに入って初めての雨であり、みんな雨を待ちこがれていたのである。

この地域はこの季節には地面がカラカラに乾いてしまい、よく大規模な山火事が発生することで知られている。天候に関して言えば、今、いちばん必要なものは、実はまとまった雨なのである。

そう考えてみると、どんな天気も、それぞれに必要なのだとわかるだろう。「悪い天気」というものは存在せず、すべて「よい天気」のバリエーションなのだ。

晴れも雨も雪もみな必要だ。風さえも植物の種を飛ばすのに役立っている。

砂漠に行ったことがある人なら、雨が全く降らないとどんなことになるか、想像できるだろう。

ハワイ諸島のカウアイ島には、世界で最も雨が多い場所の一つと言われている山がある。ほぼ一年中、雨がやむことはない。その周囲の景色は実に美しいが、毎日雨ばかりの生活がどんなものか、想像できないだろう。

スキーヤーに向かって「雪はよくないものだ」と、あるいはサーファーに「波がなくても生きていける」と言えるだろうか。

それぞれ、なくてはならないものなのだ。

天候の話をしたのは、それが大問題だからではない。天候に抵抗するのは、人生そのものに抵抗することを象徴していると思うからだ。

その時々の現実に心を開き、受け入れればいいものを、私たちはそれに抵抗し、拒絶し、別のものを要求する。

だが、天候と同様、戦っても勝ち目はない。

無駄な抵抗はやめて、どんな悪天候であろうと、その日の天気を楽しんでみてはどうだろう。どのみち変えようがないのだし、自然は私たちの思惑なんてくみとってくれないのだから。

ムシムシと暑い日が続いても、天候が変わるのを待つしかない。北風がピューピュー吹いても、季節が変わるまではどうしようもない。

天候をそのまま受け入れられるようになったら、他のこともそのまま受け入れられるようになる。

すると、人生に対する考え方が大きく変わってくるはずだ。

あるがままを受け入れていくと、プレッシャーや不安がぐんと軽減される。

「こうであってほしい」と要求するのではなく、「あるがまま」の現実を受け入れれば、苛立つことも少なくなる。

何事もあるがままを受け入れられれば、どんなことにも興味を持てるようになるのだから。

Don't Sweat the Small Stuff

5

「いちばん意見を言われたくない人」のアドバイスこそ妙薬

見栄なんてかなぐり捨てて、恋人や家族、友人の意見に、素直に耳を傾けてみよう。自分の弱点を克服する方法は、自分で見つけるよりも、人に見つけてもらうほうがずっと簡単だからだ。皮肉と言えば皮肉だが、世界でいちばん私たちを理解してくれている人と、いちばん意見を言われたくない人は、実は同一人物である。

ある男が、会社をクビになってしまった。

原因はというと、いつも人の話の腰を折ってばかりいるからだった。

恋人が前々からこの悪い癖を指摘してくれていたのだが、彼は、また文句を言って……、としか思っていなかった。しかし、このことがあって、恋人はいつだって正しいことを言ってくれていたのだと気がついた。

私の妻は、超一流のアドバイザーというわけではないが、彼女がくれるアドバイスは、いつも私の人生に大きな影響を与えている。いくつか例を挙げてみよう。

たとえば人前で話すときは、もっとゆっくりしゃべったほうがいいと言われたことがある。以来そのとおりにしているが、講演の評判は上々だ。

また、一人でいる時間を増やしたほうがいいというアドバイスのおかげで、私は以前にもまして幸福で思慮深い人間になれた。

先日は、医師の診断を受けたほうがいいと言ってくれた。どこか悪いのでは、とピンときたのだろう。実際、悪いところが見つかったが、幸い大事に至らずにすみ、今、体調は万全だ。

ある日、「本当に君はいつもいいことを言ってくれるね」と妻に敬意を表したら、こう言い返されてしまった。

「アドバイスするより、アドバイスに耳を傾けることのほうがずっと難しいんじゃないかしら」

恋人や家族、友人のアドバイスがいつも的を射ていると言うつもりはないし、タイミングや言い方をもう少し考えてほしい、と思わないでもない。

それでも、すばらしいアドバイスをくれることは、間違いない。

Don't Sweat the Small Stuff

6 「あなたの言うとおりです」とひとまず言ってみる

最近、ある女性からこんな話を聞いた。

彼女は、これまで頑固に自分のやり方を通してきた。友人や恋人の意見に耳も貸さず、周りの人から付き合いづらい偏屈者だと思われていた。

ある時、人間の幸福について書かれた本を読み、その本にあった「魔法の言葉」を使ってみることにした。例によって彼と言い争いになった時、彼女は彼の目を見つめ、心を込めて、こう言ってみた。

「あなたの気持ちはよくわかるわ、あなたの言うとおりよ」

このたったひと言が、一組のカップルのすばらしい転機となった。「彼は、ずっとこの言葉を待っていたのだと思います」と彼女は言った。

ささいなことなら、相手に勝ちを譲ってみるといい。

それくらい痛くもかゆくもない、とわかる。

私たちは謙虚さではなく、エゴのよろいで身を護《まも》っている。

いつもびくびくして自己防衛に走るのは、何ごとにおいても、自分が正しいと確認したいからだ。

身近な人の場合はなおさらだ。厄介なことに、相手も自分が正しいと思っている。

一度でいいから、あなたのほうから譲る姿勢を見せてみよう。

驚くべきことが起こり始める。

二人の間に立ちはだかっていた壁、怒りの感情が消える。心が通い、理解が深まる。

信じられないかもしれないが、**すべては相手に勝ちを譲ることから始まる。**

そうすれば、もう争ったり、かまえたり、証明したりしなくてすむ。

人生をよりよいものにする、すばらしい方法ではないか。この方法を練習する機会なら、職場にも家庭にもいくらでも転がっている。すぐにでもトライしてみよう。

Don't Sweat the Small Stuff

7 友人にお説教を頼む

友人を助手席に乗せて車を走らせていた時のことだ。

会話を楽しみながら運転していたのだが、車線を変更した時、横にいる車に全く気がつかなかった。衝突は免れたが、危ないところだった。

友人はショックでしばらく震えていた。そして、こう叫んだ。


「リチャード、死角を確認しないとダメじゃないか!」


この時以来、いっそう安全運転を心がけるようになった。

さらに生活面でも、時折、自分の「死角」を確認するようになった。

つまり、信頼できる友人や家族に、私が何かおかしなことをしていないか、チェックしてもらうようにしたのである。

自分のことをよく理解してくれる友人でも家族でもいい。自分の行ないや態度について意見を聞いてみよう。

だいたい本人が気づかないことに気づいているものだ。控えめな意見しか言ってくれないことも多いが、**時には人生を変えるようなアドバイスをくれることもある。**

私の場合、定期的に会うことにしている友人が何人かいて、彼らに気楽にアドバイスを求めている。

すると、「問題を悪いほうに考えすぎているんじゃないのか」

「何をそんなにキリキリしてるんだい」

「その人には謝っておいたほうがいいな」

といった答えが返ってくる。

その他にも、ビジネスでもっと冒険をしてみるべきかとか、あるいは手を引くべきかとか、あらゆることについて意見を求めている。

この方法を勧めると、時々、「友人にお説教してくれと頼むなんて無理ですよ」と言う人がいる。

だが、こちらが謙虚な気持ちでお願いすると、相手も穏やかに応じてくれるようだ。私の場合、彼らの洞察は私の人生に大きなプラスの影響を与えてくれている。親しい友人のアドバイスには、デメリットをはるかに超えるメリットがある。

あなたも、親しい友人にアドバイスをお願いしてみたらどうだろう。

友人たちは、きっと「あなたのすばらしさ」にも「欠けていること」にも気づいているると思う。

Don't Sweat the Small Stuff

8 「言霊《ことだま》の力」を信じる

自分の夢を打ち明けられるパートナー、友人、家族がいるのは、すばらしいことだ。自分のことを心から気にかけてくれている人に夢を打ち明けると、それだけで人は満たされる。

「夢を分かち合う」という行為には、もともとそんな力が備わっている。胸に秘めた夢を語ることは、自分だけでなく、周りの人も元気づける。

逆に不満や実現しなかった夢をグチると、自分がよけいみじめな気持ちになるし、周りの人まで暗い気分にしてしまう。

恋人や友人が次のように言うのを聞いたとき、それぞれどう思うだろうか。

①「ああ、もう嫌だ、こんな仕事」

②「この仕事、おもしろくてたまらないんだ」

①なら、聞き手は逃げ出したくなる。
だが、②なら、もっと話を聞きたいと思うのではないだろうか。


こうして、話を聞いてくれる人との結びつきが深くなる。

しかも「おもしろくてたまらない」と口にするだけでおもしろくなっていくように、「夢を語るだけ」で実現力は高まることを、世の中の成功者は口を揃えて言っている。

あなたの身近にいる人は、あなたの夢を聞きたいと思っているはずだ。

夢を語ることを恥ずかしがることはない。

Don't Sweat the Small Stuff

9 自分を笑い飛ばしてみよう

先日、仕事がうまくいかなくて苦しい思いをした。ちょっと深刻になりすぎていたのだ。肩の力を抜くためのきっかけが必要だった。それは完璧なタイミングで、やってきた。

スピリチュアル・リーダー、ラム・ダスの講演テープを聞いていた時のことだ。テープを裏返したとたん、こんな言葉が耳に飛び込んできた。

「(このテープは) ユーモアのセンスがない人には、おもしろくも何ともないだろう」

その日はいつになくうっかりミスが多く、周りの人がみな私に腹を立てているように感じていた。

何もかも自分のせいだと思い込み、少し落ち込んでいた。しかし、このひと言を聞いて吹き出し、愉快な気持ちになったとたん、すべてが変わった。

考えてみれば、実に滑稽《こっけい》ではないか。非力でちっぽけな人間が、全世界を背負った気になっているなんて。

もちろん、私たちはみな大健闘している。しかし、手に余ることもある。やらなければならないことは山のようにあり、責任は重くのしかかり、人からは頼りにされている。

その上、いつ不測の事態が持ち上がるやも知れず、四六時中、気が抜けない。それでも、健気《けなげ》にがんばっているのだ。

常に手に余る「やらなければならないこと」を抱えて、たくさんの人にせっつかれながら、ミスもなく、しかもすべてを笑顔でやろうとするなんて、まったくお笑いぐさだ。

時には、今の状態を客観的に見て、自分を笑い飛ばしてみるといい。それだけでも、ずいぶん気が楽になるだろう。

何もかも自分一人で完璧にやらなければ、といったプレッシャーがスーッと消えていく。

高いハードルを自らに課すのもいいが、たまには、ちょっと肩の力を抜いて、周りの人にもひと息つかせてあげよう。

私たちはみな欠点を持った人間で、その点においてはみな同じだと、大目に見ることができるだろう。

子供に、自分の滑稽さを思い知らされることもある。

先日、上の娘の部屋に入っていくと、娘は電話でおしゃべりしていた。宿題をしているはずではなかったのか。私は頭に血がのぼり、すぐさまお説教を始めた。だが、娘は反省の色すら見せず、それどころか、にっこりとひと言、こう言ったのだ。

「パパのお仕事って、何だったっけ?」

やられた! 私は自分を笑うしかなかった。いつも人々に「つまらないことを気にするな」と話している私が、娘の電話にいきなり目くじらを立てて一方的に叱りつけていたのだ。

たちまち眉間《みけん》のしわがとれ、笑顔に戻ることができた。おかげで、その日は一日中、穏やかな心で過ごすことができた。

ユーモアとはありがたいものだ。緊張や不安を和らげてくれるだけでなく、より適切な判断ができるようにしてくれる。スッキリした気分になって、物事がはっきり見えるようにしてくれ、くよくよと泥沼にはまり込まずにすむ。

自分を笑い飛ばしたことがない人は、まず、鏡の中の自分に向かって、声を出して笑ってみよう（もちろん、頭がおかしくなったと思われない程度に）。

間違いなく、あなたはユニークで愛すべき人物だ。

もっと自分自身を楽しもう。

ユーモアのセンスがある人と付き合うほうが、ない人と付き合うより、はるかに楽しいはずだ。それは自分との付き合いでも同じだ。

ユーモアを持って自分と付き合おう。

そうすれば自分自身と付き合うのが楽しくなり、以前にもまして自分を好きになれる。

Don't Sweat the Small Stuff

10 目の前の問題に〝集中〟する

ゴルフのプロや達人が言うには、最高のプレーができた時というのは、その一瞬にとてつもなく没頭して無我の境地に入っていた時だそうだ。

一打一打がすべて。

完璧なティーショットを打とうと、簡単なパットを外そうと、前の結果は頭から全部追い出して、次の一打に臨むのだ。

リラックスしているが、集中している。そして、プレーを楽しんでいる。

ゴルフ愛好者の多くから、こんな話を聞いた。

「最高のプレーができる時というのは、ゲームの流れにすっぽりはまり込んでいるような気がする。つまり、ゲーム自体がスムーズに、何の苦もなく進んでいって、自分というプレーヤーは存在していないみたいなんだ」

どうやら、体が勝手に動いてくれるということらしい。そんな時は、いとも簡単に集中でき、少々のことでは気が散らない。たとえ気が散っても、なんとなくすぐに穏やかな世界へ戻ることができる。

人々がゴルフというゲームを愛するのは、不思議でも何でもない。ある意味、ゴルフは理想の生き方を象徴しているとも言える。ある時は自信に満ちて入念にプレーし、ある時は自然の流れに身を任せる。

人生も同じだ。**快調な時は、目の前の問題、今やるべきことにただひたすら「集中」している。**

頭を抱え込むようなこともなく、物事はおさまるべきところにおさまっていく。アイデアや解決法が何の苦もなくひらめく。問題が起こっても、しかるべく対処していける。

逆に言えば、**「目の前の問題に集中する」ことさえできれば、小さなことにくよくよせずに、一直線に夢をかなえられる**ということだ。

Don't Sweat the Small Stuff

11 5年後、どんな幸せを感じている？

ある28歳の女性の相談にのったことがある。

彼女には長く付き合っている男性がいた。彼に大きな不満はないが、将来が不安だと言う。

私はできるだけ穏やかに、尋ねた。

「付き合い始めた頃は楽しかったのですか？」

「ええ、とっても！」

そう答えた時、彼女の表情が和らいだ。そこで、こう言ってみた。

「あと何年かして、彼がいなくなったらどう思いますか？　また反対に、ずっと一緒でいるところを想像してみてください。彼はあなたにどう接しているでしょうか」

会話がとぎれた。彼女はじっと考え込んでいるようだ。

少し経つと、彼女の気持ちがほぐれていくのが感じ取れた。おそらく、どうしたら彼との時間を楽しめるかに初めて気づいたのだろう。数年先に身を置いてみることで、現在を振り返り、自分が見失っていたものに気づいたのだ。

この「未来へのトリップ」にはすばらしい効果がある。

さまざまな責任や義務に押しつぶされそうになったとき、こんな胃が苦しい状況を脱して、不平を言う必要がなくなる日がくるとしたら、どんなものだろうかと想像してみる。

すると、今の自分を即座に客観的に見られるようになる。

彼女と話したことで、私自身が何度もこの方法のお世話になったことに気づいた。個人的な問題、仕事の問題、さらに家庭の問題……さまざまな場面で試みてみた。

いつだったか、時間と労力をかけて家や庭の手入れをするのに嫌気がさした時、気持ちを静めて、こう考えてみた。

「いつか、庭のある家に住めない時がきたらどうだろう」

どんなにさびしいだろうか。

とたんに、花壇をつくったり、草取りをしたり、木の枝を刈り込んだりといった作業が苦にならなくなった。

何にでも不満の種を見つけるのはたやすい。だが、面倒に思えることでも、そこに楽しみを見出すことは意外に簡単にできる。

仕事で頻繁に出張をしている友人が、それがどんなにストレスの多い生活であるか、いつもこぼしていた。出張をしなくていい仕事を何年も探し続け、ついに望みがかなった。

だが、数カ月もすると、彼は出張をなつかしく思うようになった。

私が彼に「未来へのトリップ」について話したのは、その後のことだった。

「転職する前に聞いていたら、きっと別の選択をしていたと思う」と彼は残念そうに言った。

「未来へのトリップ」を試してみると、自分が今、何をすべきかがはっきりする。

つまり、今手にしているもので、将来なくなっていたらさびしく思うだろうものを

考えることで、今、本当に大切なものは何かに気づく。

悩んだり重荷に感じたりしているものほど、なくなってみると胸にぽっかり穴のあく思いがするものだ。

「未来へのトリップ」は、人を謙虚な気持ちにさせると同時に、「今、自分ができること」をすんなりと気づかせてくれる方法である。

やってみれば、あなたもきっと同じ感想を持つだろう。「未来へのトリップ」は、確実にあなたの視野を広げてくれる。

Don't Sweat the Small Stuff

12 「今、ここ」で「できること」を大切にする

私たちは知らずしらずのうちに、手にした恩恵を活かすチャンスを逃していることがある。

これにぴったりのケースがある。数年前、ハワイのビーチでのことだ。私と妻は、娘たちを連れてビーチに座っていた。近くに、2人の子供をつれた夫婦がいた。すぐそばに座っていたので、彼らの会話は自然と耳に入ってきた。

温かい砂の上に腰を下ろしてから立ち上がるまでの1、2時間、夫婦はのべつまくなしにバカンスのプランを話し合っていた。つまり、今もバカンスの真っ最中だというのに、それを楽しむ暇も惜しんでプランを立てている——そんなふうに見えた。

「今日はこれからどうしようか」「夕陽が沈むのを見るのはすてきね」「またあのレストランへ行こうよ」「ツアーが楽しみだわ」

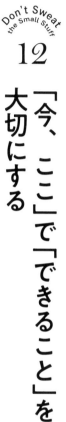

「それのどこが悪いんだ？」と思う人もいるかもしれない。見方によっては、それも悪くない。彼らは全く無邪気に、今後の予定に胸をはずませていただけなのだから。

夫婦がおしゃべりをしている間、彼らの子供たちは砂をかき集めて城をつくり、いちばん大きな城ができたと思ったら、それを壊して遊んでいた。いかにも楽しげにキャッキャッと笑いながら、いつまでも。

その様子は実に愛らしく、見ているこちらも微笑まずにはいられなかった。まさに「至福の時」である。

残念なことに、夫婦は、そんな白分の子供たちの笑顔を目に焼きつけることはなかったようだ。

ある意味、大人たちはバカンスを楽しんでいるというよりは、ただプランを立てていたのだと言える。

人生とは、「計画を立てている間に過ぎ去ってしまうもの」なのかもしれない。

同じような話に心を痛めたことがある。

ある花嫁の祖父が、孫娘の結婚式をビデオに撮っていた。一瞬も逃すまいと、彼は式も披露宴も、ビデオカメラの小さなファインダーから見ていた。しかも、片目を閉じたまま。

ところが、何たることか、ビデオカメラが作動していなかった！

彼は一部始終を自分の目で見そこなったばかりでなく、それを再生することもできなくなってしまったのだ。

こうした話を聞くと、人生のかけがえのない喜びとは、今、この一瞬を逃すと、もう取り戻せないものだとつくづく思う。

計画を立てている間に一生が終わってしまってはつまらない。

〝今、ここにある喜び〟を大切にしよう！

2章

無理なく「困難を乗り越えられる」〝頭のいい考え方〟29

「こうじゃなきゃ」より「こうだといいな」！

Don't Sweat the Small Stuff

13

不運の次は「必ず」幸運がやってくるから安心しなさい

私は、入りたい大学があったのに、成績がおよばなかったという経験がある。その事実だけを見ると、これはネガティブなことだ。しかし、結果はまるで違う。入学した第2志望の大学で2年生の時、テニスの代表チームでトップ・プレーヤーとなり、キャプテンにも選ばれた。そこでさまざまな経験をして人間的にも大きく成長できたと思う。それからペパーダイン大学へ転校したのだが、そこで妻と出会った。もし、第1志望の大学に入っていたら、こうした幸せにはめぐり合えなかっただろう。

同じようなことは、人生のさまざまな局面で起こる。好きだった女性にふられたが、自分にもっとお似合いの女性と出会えた。会社をクビになったことで、自分にぴったりの仕事につくことができた。

転勤が決まり、友人たちと別れるのがつらかった。しかし、新しい勤務先ですぐに生涯の親友と呼べる人と出会った。

こんなことはザラにある。「先のことはわからない」と考えるのと、無関心、あるいは優柔不断でいるのとは別だ。

自分の心を偽るわけでもない。何かつらいことが起こったときでも、嬉しそうな顔でいろと言うのでもなければ、幸せでないときでも幸せそうなふりをしろ、と言っているのでもない。

何ごとも、最初に思ったようには進まないと認識すべきだということだ。

だから、何かまずいことになりそうだと思っても、ピリピリしすぎたり、パニックになったりする必要はない。

次に難しい問題が起きたときには、自分が考えているほどひどいことにはならないと考える余地を、心の片隅に残しておこう。

そして、「先のことはわからない」とつぶやいてみる。

どうなるかは「神のみぞ知る」である。

幸運が不運を装っている場合だってあるのだから。

Don't Sweat the Small Stuff

14 「不幸を考えない」練習

学生時代、私は競技テニスの選手だった。ある有益な言葉がきっかけで練習に対する心構えが変わり、プレーヤーとしても成長できたと思う。

「練習さえすれば完璧になるわけではない。完璧な練習をすることで完璧になれるのだ」

アメリカン・フットボールの偉大なコーチ、ヴィンス・ロンバルディの言葉だ。

もし練習方法が間違っていたら、いくら練習に多くの時間を費やしても、悪い癖が身につくだけだろう。

テニスを例にとって考えてみるとわかりやすい。一日2時間、週に5日、手首のスナップがきかない打ち方で練習していたとする。そのうちに、あなたのバックハンドには悪い癖がつき、ボールは相手のコートに入らなくなってしまう。だが、最初によい指導を受けて正しいテクニックをマスターし、練習を続ければ、みるみるうちに上達する。

同じように、**頭の中で「不幸のリハーサル」ばかりしていると、いつの間にかそれが身についてしまう。**

たとえば、車を運転しながら、その日に起こりそうな言い争いの予行演習をしたり、際限のないトラブルを数え上げてはあれこれ思いをめぐらせ、どうしてこんなに忙しいのだとつぶやいたりする。あるいは、職場から家までずっと、今の恋愛がうまくいかない理由を指折り数えながら帰ったりする。

私たちはいつも、大して変わりばえしないネガティブなことばかり考えがちだ。

問題は、それが癖になってしまったときだ。無意識に、疑問も持たず、ただ練習を繰り返す。練習だと思っていないが、これはまさしく練習である。

何の？

不幸の練習だ。

この癖に気づいて、いい方向へ持っていけば、もっと建設的な練習ができるようになる。

考えごとを始めたとき、自分がどんなことを考えているかに注意してみる。ネガティブなことを考えているとわかったら、時々でいいからポジティブなことを考えよう。

当然のことだが、頭で考えることは、心の持ち方や生き方に大きな影響をおよぼす。

頭の中で何を練習しているかに気づくようになれば、より幸福で充実した生き方ができるようになる。

ネガティブな人生の予行演習をするのではなく、ハッピーな人生の予行演習を始めよう。

Don't Sweat the Small Stuff

15 〝小さな進歩〟に注目する

別荘を持つことを夢見る人は多い。

すばらしい夢だ。

しかし、現実には、別荘などめったに使うものではない。なのに、維持や管理でお金も手間もかかり、ストレスと厄介事が増える。

それに、思いもよらなかった問題が出てくる。別荘を買っておいて、他の土地へ遊びに行く気になれるだろうか？

もし、遠い親戚が「私にもちょっと使わせてよ」なんて言ってきたらどうする？

他にもまだ問題が出てきそうだ。

別荘を持っていい人とは、こういったコスト・ストレス面で問題がない人なのだ。

もし、ちょっと想像するだけでこういったネガティブな問題が出てくるならば、別荘購入はあなたにとって「大きすぎる目標」だ。

「大きすぎる目標」はあなたをやる気にさせることもある。

だが、もし、失敗したら（別荘購入で失敗し、借金を抱えるなど）大きな心の傷を負うことにもなりかねない。

それよりはむしろ、「小さい目標」をたくさんかなえたほうが、くよくよすることも少なく、だんだんと自分をレベルアップすることができる。

ほしくてたまらない車が買えなくて、がっかりしている男性がいた。

しかし、自分の給料を考えたら毎月のローン、維持費、高額の保険料がひどく負担になると気づいた時、別の見方ができるようになった。

――「これは今の私には大きすぎる夢だ」。


もし、目標が達成できず、イライラしているのなら、今、あなたが夢見ているものは、あなたにとって大きすぎる夢なのかもしれない。

大きな目標は小さな目標に細分化してみよう。

人は今の自分に合った目標を少しずつクリアしていくことで、適度な満足感をもって登り坂の人生を歩んでいけるのだ。

このことを覚えておくと、膨大なストレスを抱え込まずにすみ、今の生活を心からエンジョイできるようになる。

Don't Sweat the Small Stuff

16 「うまくいった」過去の成功談を思い出す

自分の今の精神状態が「ノーマル・モード」か「シリアス・モード」か。それを見分けることができると、救いの道が開ける。

ストレスにさいなまれているときは、

「僕がどんなに忙しいか、誰もわかってくれない」

「まったく、ひどい目にあったもんだ」

「おれはもうダメだ」

などと考える。

どんなに忙しいかを見せつけるかのように、せかせかと走りまわったり、ため息をついたりして、無意識に誇張し、ますます気持ちをダウンさせていく。

だが、ほんの少しユーモアを持てば、状況はまったく違ってくる。

シリアス・モード（普通ではない状態）だと自覚することで、ほんのちょっと冷静になれて、状況を客観視できるようになる。そして、自分が思い込んでいたほど状況はひどくないとわかる。

だが、誤解しないでほしい。

こうした状況では、人がどんなに混乱し、ストレスでいっぱいになるかはよくわかっている。ただ、自分がシリアス・モードにあると認めると、気が楽になり、何とかなりそうに思えてくるのだ。

シリアス・モードだと認めると、肩の力が抜けて、いつもの自分を取り戻す。カッカしていた頭に、ユーモアがちらりと顔をのぞかせる。こうなると、冷静に状況を見ることができるようになり、気持ちが落ち着いてくる。

あなたをなだめ、落ち着かせてくれる人がいる幸運な人も、自分で判断するしかない人も、これだけは覚えておこう。

シリアス・モードで「もうおしまいだ」とか、「自分の手には負えない」と思うこともあるだろうが、それは錯覚にすぎない。

実際は、「今日はちょっと運が悪かった」くらいのことなのだ。

過去の輝かしい自分の姿、功績を、具体的に一つひとつ、思い出してみよう。
みんなうまくいったではないか。
なんとかなったではないか。
今のあなたはちょっと焦りすぎているだけだ。
今度シリアス・モードにはまったら、肩の力を抜いてみよう。
ほとんどの場合は何とかなるものだ。

Don't Sweat the Small Stuff

17 〝変化〟を受け入れる

私たちの身の周りにはいつも何らかの変化が起こっている。

体型は変化する。親は歳を取る。人間関係も変化する。ビジネスもそうだ。経済も、天候も変化する。近所では引っ越しがあるし、環境も変化する。

ゆっくりと変化することもあるが、ある時一瞬にしてすべてが変わる場合もある。

変化は必ず起こるものなので、さまざまな形の変化を自然に受け入れられるようになると、得るものは大きい。

もちろん、これも言うは易《やす》く行うは難《かた》しなのだが、受け入れられるよう努力するだけの価値はある。

実際、人生のさまざまな局面で変化をシンプルに受け入れられるようになると、小さなことに（大きなことにも）くよくよする回数がぐっと減るはずだ。

もう一つの道を考えてみてほしい。

変化を受け入れるのではなく、運命に逆らい、抵抗する道だ。

これでは結局、自分が苦しむことになるのがわかるはずだ。たとえば、子供が大きくなるのを認めなかったらどうなるだろうか。それでも、子供は大きくなる。それだけのことだ。否定はできるが、現実を変えることはできない。

「変化を受け入れる」ことについて重要なポイントは二つあると思う。

1 変化はすばらしい

変化がなければ、人類は存続しない。

子供が成長しなければ、子孫は繁栄しないのだ。雨の日と晴れの日、どちらがなくても植物は育たない。

若さ、美しさ、権力、地位、成功……こうしたものに必要以上にしがみつくと、苦悩が待っている。だが、変化の必要性を認めると、穏やかな気持ちになれる。

トップ・アスリートは見る者を楽しませてくれる。しかし、いつかはチャンピオンの力も衰え、次の選手が台頭する時がくる。それが世の常というものだ。

変化の必要性を考えることで、過去や未来ではなく、今の姿こそが完璧だとわかる。

私のパートナー（妻）は、出会った頃から、恋人時代、子育てをしている姿……、どの時代のどの姿も美しく、輝き、今も輝き続けている。年をとっても、老人になっても、きっと同じだろう。

変化することで、すばらしさが損なわれることはない。ただ、質と形を変えるだけだ。

2 変化に期待しよう

興味深いことに、変化というと、まず、不安や恐れを抱くことが多い。

「ああ、年は取りたくないものだ」「定年が迫ってきたが、その後は何をすればいいのだろう」などなど。

必ずというわけではないが、往々にして私たちは、変化とはつらく苦しいほうへ変わることだと思い込んでいる。

だが、変化を楽しい好奇心のまなざしで積極的に受け入れれば、不安は軽減し、完全に消えてしまうことすらある。

「ああ、このままでいいのに」と思うのと、「ほら、何かが変わるよ」と思うのとでは、雲泥の差がある。それは、期待に胸をふくらませて変化を受け入れるか、あるいは不安とフラストレーションでいっぱいになるかの違いだ。

私たちがどう思おうと、変化は必ず起こる。穏やかな心で変化を受け入れることができれば、その分、人生は楽しくなるはずだ。

Don't Sweat the Small Stuff

18 人生に「必要でないことはない」。そう見える時があるだけ

ささいなことにイライラしていないだろうか。何もかもが実際より大ごとに思えて、必要以上に怒っていないだろうか。

たとえば、恋人から「もうちょっときちんとしたスマートな格好をしてきてよ」と言われたとする。

軽く受け流しておくか、「なんだか、ちょっとイラついてるな」と思っておけばいいものを、カチンときて、思わず、「何だって？　いいかげんにしろよ」などと口ばしって、事を大きくしてしまう。

腹立ちまぎれに、恋人の言葉を深読みしてはあれこれ詮索《せんさく》し、さらに苛立つ。「これまで何度似たようなことを言われただろう。彼女はオレに感謝の気持ちなどまるで持っていないんだから」と考える。

これでは問題がこじれ、ますますストレスがたまるだけだ。

まず、冷静さと広い視野を保つことが最善の方法だ。

「大したことではない」と考えることで、おそらくベストの対応ができるし、うまく解決できる。これは、対象が友人、仕事でのトラブル、子供、隣人との論争……何であっても同じだ。


心にゆとりがあると、反射的にイライラすることがなくなり、身の回りで起きる出来事にその都度うまく対処できるようになる。

深呼吸をして「人生に必要でないことはない。そう見える時があるだけ」と、繰り返し自分に言い聞かせる。

そうすれば、現実をしっかり把握することができる。追い詰められた気持ちや、やり返したいという気持ちはどこかへ消えていく。

どんなに辛い事件、事実があなたの身に降りかかろうと、すべて「必要なこと」と思おう。

恋人が不平を言うのは、あなたを愛しているから、上司が自分を叱るのは自分に期待しているから、と思おう。

人生を楽しむ達人は、物事をある意味、自分に都合よく考える名人だ。

自分を不幸の主人公にするドラマをつくり出すのはやめて、ハッピーエンドの物語の主人公になろう。

〝自分の人生〟なのだから。

Don't Sweat the Small Stuff

19 あなたには人生を楽しくする〝責任〟がある！

人生はすばらしい贈り物だ。

あなたは、自分の人生に情熱を持っているだろうか。

人生というのは、この世に生まれて1回こっきりの、そして二度と繰り返すことは絶対にない、すばらしい贈り物なのだ。なのに、まだその価値がわかっていない人が多い。

さまざまな責任、義務に埋もれて、自分を見失っていないだろうか。

ぬるま湯に首までつかり、毎日同じことの繰り返し。これではただの時間つぶし、〝生きているふり〟をしているだけではないか。

何から始めていいか迷っている暇はない。

人生は刻一刻と過ぎ去っていく。人生に対する本物の情熱、つまり、生きることの喜びと快活な精神を失うと、何でもない問題や障害を深刻にとらえすぎ、ギスギスした人間になってしまう。

何よりも、小さなことにくよくよし始める。人との出会いさえ喜べず、重荷に感じるようになる。せっかくチャンスが訪れても、しりごみするばかりだ。

ところが、人生という冒険の旅が、どんなに貴重で、しかも、はかないものであるかに気づけば、すべては一挙に解決する。

人の一生の短さに思いを馳《は》せてみるといい。

それはまるで、スクリーンに映し出される映画のひとこまのようなものだ。

時の流れの中にほんのいっとき存在し、次の瞬間にはもういなくなる。

自己憐憫《れんびん》、挫折感、苛立ち――そんなもののために1秒でも無駄にはできない。人生にはそんなことよりはるかに重要な意味があるはずだ。

このことがわかると、驚くほど人生に大きな変化が起きる。突然、大きく立ちはだかっていたものが小さく見え、今まで気にもとめなかったささいなことが大きく見えてくる。

これまで優先順位のつけ方を間違えていたことに気づく。

成功、パーフェクトであること、達成、お金、評価——こうしたものが重要であるのは間違いない。しかし、それも程度の問題だ。それらすべてを手に入れたとしても、人生に対する情熱と感謝の気持ちがなければ、大した意味を持たない。

人生は奇跡そのものであることに気づき、人生に〝恋〟をすると、日常生活のそこかしこに大きな価値を見出せるようになる。

ともに暮らす人、ともに働く人、果ては食料品店で一緒に買い物をしている人でさえ、かけがえのない人に思えてくる。

自然はより美しく見え、人生がより価値あるものに思え、文明の利器はそのありがたみを増す。あなたの有能さに変わりはないが、人にも自分にも文句を言わなくなる。

それは、身の回りに起こることのうち、何が重要で、何に意味があるのかがわかるようになるからだ。苛立つことも、小さなことにくよくよすることもなくなる。

人生との恋は、絵空事ではなく、誰にでも、いつでも訪れる。

ただ、この世に生まれてきたこと自体が奇跡であることをじっくり考え、生きていることの幸せを日々噛みしめるだけでいい。

今日も目が覚めて、一日を与えられたことに感謝しよう。
いつかは、それができなくなる時がくるのだから。
その日まで、一日一日を、かけがえのないものと思って生きていこう。
実際、〝かけがえのないもの〟なのだから！

Don't Sweat the Small Stuff

20

「小さな問題」を心の中で大きくしていないか？

前にも述べたが、何につけ「シリアス（深刻）」になるのはやめたほうがよい。

私の仲間うちでは、誰かがシリアス・モードに突入したら、冗談まじりに注意することになっている。

「また眉間にしわが寄ってるよ」

こんなふうに、深刻な状況でもユーモアを忘れなければ、うまくいかないことがあっても「まあ、いいか」と受け入れられる。

たしかに、人生に深刻な状況というものは存在する。

深刻に考え、行動すべき時もある。

しかし、それと、年がら年中、眉間にしわを寄せているのとは話が別だ。

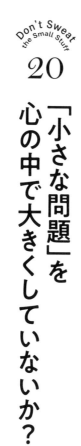

私はよくこんなジョークで講演会を締めくくる。

「臨終の床で自分の人生を振り返った時、もっとふくれっつらをして生きればよかったと思う人はまずいないでしょうね」

一生を振り返り、何のためにあくせくしていたのかと嘆いた、というような胸の痛む話はよく聞く。

うろたえたり、悩んだりしたことの多くは大したことではなく、小さなことでおろそかにしていたことの中に、本当に大切なものがあったと気づくのだ。

私たちはみな、どこかで、必要以上にシリアスになるすべを身につけてしまった。だから、今度は肩の力を抜いて生きるすべを学び直せばいい。

「笑い飛ばせ」「肩の力を抜け」というメモを、1週間ほど手帳にはさんで持ち歩いてみよう。

時々メモに目をやっては、もっと気楽に考えようと自分に言い聞かせるのだ。深刻になるたびに、自分を現行犯逮捕するのである。

すると、人生を深刻にとらえている自分が滑稽に思えてくる。

深刻になっている自分を笑えるようになると、たいていのことはくよくよせずに乗り越えられるようになる。

ほんの少し肩の力を抜くことに、どれほど価値があるかに気づいたなら、あとは実行あるのみだ。

臨終の床で後悔することのないよう、今すぐ実行してみよう。

Don't Sweat the Small Stuff

21 焦って答えを出すことに意味はない

トラブル発生！　すると私たちはすぐに解決策を探す。

しかし焦って「答え」を探すことはよくない。「焦り」というプレッシャーによって、あなたが「間違った答え」を見つけてしまう可能性が高いからだ。

答えがわからないときは、とりあえず答えらしきものを見つくろう。

それだけで事情に通じているような、事態を掌握しているような気になって気持ちが落ち着く。

たとえば、仕事で窮地に追い込まれたとする。

能力以上のことを要求されたり、仕事の日程が重なったり、そんなとき、無理をしてでも何とかしようとして、かえって問題をこじらせてしまうことが多々ある。

この問題の解決策は、「自分は混乱して途方に暮れている」と認めればいいのだ。

意外かもしれないが、**「わからない」と認めてしまうと、自分自身だけでなく、周りの人もとても穏やかな気持ちになれる。**

このことに気づくのに、私は何年もかかった。とりあえず「わからない」と認めて問題を一時着陸させよう。くよくよから解放され、頭もスッキリする。すると、よい知恵も浮かんでくるというものだ。

私は現実離れした人間ではない。だから、あなたが「うーん、そりゃすてきだ。でも、ちょっとついていけないな」と言いたい気持ちもよくわかる。

だが、結論を出すのは少し待ってほしい。

何か問題を提示されたとき、あなたの立場は二つに一つだ。答えを知っているか、知らないか。

知っているなら問題はない。だが、知らない場合、知ったかぶりをしたり、無理に答えをひねり出したりすることに何の意味があるだろう。

「わからない」ということを受け入れるには、ちょっとした勇気が必要になる。

「その場で答えることができなくても、適切な答えや解決法はそのうち必ず見つかるものであり、それは即答した場合より、はるかによいものである」と心から信じよう。

答えがわからなくても何の不都合もない。

多くの場合、「わからない」と認めることは知るための最善の方法なのだ。

〝自分を信じること〟。

そうすれば、いつか必ず答えは見つかるのだ。

Don't Sweat the Small Stuff

22 「真逆の意見」を取り入れる

「失敗」といったら何を連想するだろうか。

「ミス」「評価が下がる」「信頼されなくなる」とネガティブなことばかり思い浮かぶのではないか。そう思った人の将来はその言葉どおり、暗い。

逆に「チャンスを導くもの」「成長の証《あか》し」とも考えられる人の将来は明るい。

ポイントはここだ。頭の中で「これには、これ」「こうだから、こう」と決めつけると同時にあなたはあなたの将来も「うまくいく」「うまくいかない」と決めつけている。

決めつけが絶対的なものではないと気づいたなら、新しい可能性への扉が開かれる。

頭に銃を突きつけられて、「こんなことが起こったら、こう反応しろ」と脅迫されているわけでもないのだ。それなのに、私たちは他に選択肢がないかのように思い込み行動することがある。

こうした「決めつけ」の、よくある例を挙げてみよう。

たとえば、今年の年収が去年より少なかったら、普通はそれを失敗と受け止める。気に病み、何かがうまくいかなかったのだと決めつける。

また、テニスの試合で負けたり、仕事で取引が不首尾に終わったりするとがっかりする。テレビのスポーツ番組で、敗れたチームを見るといい。しかめっ面、涙、不機嫌な態度……。これ以外に選択肢はないというのが暗黙の了解のようだ。

まず、生活をしていく上で、こうした「決めつけ」が本当に有効なのかどうか、疑ってみよう。それだけでいい。**疑うことが大切なのだ。**

負けたことを楽しむふりをしろというのではないし、年収が予想していた額より少なかったのを喜べと言うのでもない。また、「ぜんぜん気にしてないよ」とか、「来年はあまりがんばらないつもりだ」などと無理して言う必要もない。

この考え方は何かのふりをしろというものではなく、「決めつけ」の中には、そうする必要のないものも含まれていることに気づこうと言っているのだ。

「決めつけ」に気づくことで、たくさんのしがらみから解放される。

失敗から早く立ち直れるし、執着していたものを手放せるようになる。時には、一大事にも効力を発揮する。

たとえば、ある人の妻が浮気をした。

彼は逆上して離婚を望んだ。法的手続きを取ろうとした矢先、この「決めつけ」の話を聞いて心を揺さぶられた。初めは妻の浮気には離婚で対応するしかないと決めつけていた。でもふと、「浮気＝離婚」なのだろうかと思った。

驚いたことに、彼は離婚だけが取るべき手段ではないことに気づいた。ほんの小さな風穴が開いたことで、別の方法はないかと考える余裕が出たのだ。

自分の「決めつけ」に気づくことが万能薬ではない。それで苦しみやストレスやフラストレーションがきれいさっぱり消えるわけではない。

怒りはおさまらず、ストレスにさいなまれ続けることもあるだろう。それでも、気づかなかった場合と比べると、格段の差がある。「自分が井の中の蛙《かわず》であること」に気づくことで、人生ははるかに生きやすくなると私は確信している。

Don't Sweat the Small Stuff

23 準備は「やりすぎ」というぐらい万端に！

飛行機の離陸時間の2時間前だった。本のキャンペーンの仕事で、その日の最終便に乗る予定で出かける準備をしていた。

自宅からサンフランシスコ空港まで、車で約1時間。その便を逃すと後はなく、スケジュールの変更もできなかった。

ところが、いざ家を出る段になって、財布とキー・ホルダーがないことに気づいたのだ。

さあ、大変だ。どうすればいい？

ずっと以前から、こういう事態はありがちなことだと思っていた。

大切なものを探し回った経験は誰にでもあるだろう。これまで持ち物をなくしたことなどないという人でも、いつかそんな目にあわないとはかぎらない。

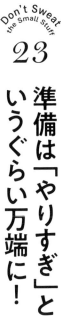

問題は、いつ起きるかだ。

空港へ向かっている途中、重要な会議に出ようとドアを出た瞬間、顧客を誘って食事に出かけた時、あるいは、デートの30分前なんてこともあるかもしれない。それに、自分がなくさなくても、盗まれることだってある。

すっかり動転して、大騒ぎすることになる。だが、拍子抜けするほど、対策に手間はかからないのである。


私はすべてのキーのスペアをつくって、引き出しの奥にしまっている。キーのそばには予備の財布も置いてある。財布にはクレジットカードと現金が少し入っていて、万一の場合にはいつでも持ち出せるようにしてある。飛行機に乗るときは写真付きのＩＤが必要なので、パスポートも一緒に置いている。

だから、置き忘れに気づいてもパニックにならずにすんだ。引き出しを開けて、予備のセットを取り出し、ドアから出て行った。

大騒ぎする理由はなかった。なくしたものはいつかは見つかると思っていた。実際、数日後に見つかったが、もし見つからなくても、特に困ることはなかったのだ。

正直なところ、スペアセットをつくった時は、少し神経過敏になっていると思った。内心、「そこまでやるか」と思ったものだ。だが、これは地震に備えて非常用の食料、懐中電灯、電池、ラジオ、水、毛布などをまとめておくのと同じことだと思い直した。男女を問わずたくさんの人々が、財布やキーの置き場所を忘れた時は本当に困ったと話してくれた。

それほど大切なものでなくても、往々にして最悪のタイミングでなくなるので、とてつもないストレスを引き起こす。しかし、予備があると思うと、状況は全く違ってくる。汗をかきかき探さなくてすむのだから。

最後に、高価なものは、火災や盗難に備えてビデオや写真に撮っておくといい。現在の家に引っ越して1年ほどたった時、大火災で以前住んでいた家が焼失してしまった。それはアメリカ史上最悪の火災の一つで、何百という家が全焼した。もはや私たちには必要ないものだったが、その家を撮ったビデオがあると、現在の持ち主に連絡した。そして、火災保険の申請に必要なら使ってくださいと申し出たら、非常に喜ばれ、実際、役に立ったのである。

こうしたものを安全な場所にしまっておき、ビデオについては、写っている家以外の場所に保管しておくといいだろう。

これは、財布やキーなどの〝モノ〟だけの話ではない。心の「予備セット」も私たちは準備しておくべきだという教訓だ。

どうせやるなら早いほうがいい。

「予備のセット」が必要になる事態が起きないのがいちばんだが、今、小さなことにほんの少しこだわっておけば、この先、ずっとよくよくせずにすむのである。

Don't Sweat the Small Stuff

24 問題解決は「賢い選択」の積み重ねでしかない

「問題を解決するのも、問題を起こすのも、自分の心がけ一つだ」

複雑な意味を持つ言葉であるが、じっくり味わってみると、まさにそのとおりだと思う。実際、しょっちゅう私たちは問題を解決したり、問題を起こしたりしている。複雑だと言ったのは、問題を解決したつもりだったのに、また別の問題を起こすきっかけになってしまうことがけっこうあるからだ。

たとえば、事業を立ち上げることは、雇用を増やし、社会のニーズを満たすという点では問題を解決しているかもしれない。しかし、視点を変えると、交通渋滞、駐車スペース、天然資源の乱用、環境汚染など、多くの問題を起こしていることになる。

子だくさんも、愛にあふれた有能な人材を数多くこの世界にもたらすと考えれば、プラス。だが、すでに多すぎる人口をさらに増やしたと考えれば、マイナスだとも考えられる。

しかし、肝心な点は、日々の暮らしの中でどのような選択をして、どのように生きていくかということだ。

たとえば、消費を適度に抑え、エネルギーを浪費せず、できるだけリサイクルに努めるなら、環境保護の面で問題を解決していると言える。

それに対し、いつも電気はつけっぱなし、リサイクルもしたことがないというなら、問題を起こしているのだ。

ところが、こうして倹約したお金も、自分の欲望や必要にしか関心がないなら、「社会をよくする」ための問題解決にはあまり役に立っているとは言えない。

一般に、尊敬の念を持って人に接し、良心的に会社を経営し、金離れがよく、人に寛大で、自分の行動には責任を持ち、ミスはすぐ認める、そんな人は、思いやりに満ち、道徳的で、住みよい世界をつくるのに貢献している。

だが、こうしたことに価値を見出さないなら、問題を起こす側と言っていい。


私たちはみな、何かの役に立つとともに、何らかの問題を起こしている。

このテーマをよく考えてみることは、自分の世界をあるがままに見つめ、評価するよいきっかけになる。

絶対に「正しい」答えも、絶対に「間違っている」答えもない。私たちができるのは最も答えに近い賢い選択をし続けることだけだ。

最も答えに近いかどうかの目安となるのは、「自分が周りにどれだけ貢献できているか」ということだ。

きっと、納得できる選択ができるようになる。

Don't Sweat the Small Stuff

25

それはガタガタ言うほどのこと?

満席の飛行機の中で、この原稿を書いている。

搭乗した時、隣の席の男が「通路側の席を予約したはずだ」と言い出した。

彼の思い違いなのだが、自分は正しいと思い込んでいるようだ。

ともかく、その男はかなり執拗《しつよう》で、ひと悶着《もんちゃく》起こりそうだった。大ごとにして、公衆の面前で彼の非を明らかにし、これからの4時間半を気まずく過ごすのはごめんだと思った。

その時私は通路側の席にいた。

それで、にっこり笑って、こう言った。

「あなたのおっしゃるとおりだ。さあ、どうぞ」

あなたが考えていることを当ててみよう。

「リチャードは、なんていいヤツなんだ」、それとも「おやおや、なんて軟弱なヤツだ」。自分でもいいヤツだとは思うけれど、それと通路側の権利を譲ったこととは関係ない（1カ月も前に予約していたのだ）。それに、それほど軟弱だと思わないでほしい。時と場合によっては、強硬にだってなれる。

席を譲ったのは、ガタガタ言うほどのことではないと思ったからだ。自分が正しいと証明できたとしても、そのために労力を払うのは割が合わないことがほとんどだ。

私たちがヒートアップして言い争いを始めたら、どうなるだろう。飛行機の中で何度も似たような場面を目撃しているので、結末はだいたい想像がつく。言い争ったあげく、どちらかが望みどおりの席に着き、もう一人は不本意ながら隣に座る。席を確保したほうも、どうも居心地が悪い。ほんの数時間、気に入った席に座れるだけのことなのに。

これは非常にわかりやすい例だ。

「自分が正しい」と言い張らなければ、それだけ小さなことにくよくよする度合いも少なくなる。

では、どんな場合でも、座席を争ったり、自分の正当性を主張するのはよくないのだろうか。もちろん、そんなことはない。ケース・バイ・ケースで、厳密なルールはない。

ただ、頑固に自分が正しいと言い張っても、多くの場合、そのメリットより精神的代償のほうがずっと大きいということだ。

Don't Sweat the Small Stuff

26 忙しい時ほど「一人の時間」を死守する

友人と話している時、「この前、仕事でなく、一人でどこかへ出かけたり、丸一日、あるいは数時間を一人で過ごしたのはいつだった？」と尋ねてみた。

彼はすっかり考え込んでしまった。

そして、いろいろな人に同じ質問をしてみたら、一人で過ごす時間を持っていないのは彼だけではなかった。

多くの人は、「一人で過ごす時間」に全く縁がないから、「なんでそんなものが必要なんだ」という返事が返ってくる。

しかし、自分をよく知ろうとすれば、自分と向き合う時間が必要だ。

一人でぶらぶらしたり、散歩に出かけたり、静かに考えにふける時間である。

それも、1回や2回でおしまいにせず、定期的に続けよう。

では、自分を知ると、どんないいことがあるだろうか。

まず、自分をよく知ることなくして、いい人生を歩むことはできない。

つねづね思っているのだが、多くの人（特に男性）が40歳前後に人生に対して不安や迷いを感じる、いわゆる「中年の危機」に陥るのは、自分のことをあまり（あるいは全く）知らないということに突然気づくからではないだろうか。

一人で過ごす時間を持つと、それがいかに大切なことであるかに驚くだろう。静かに、気を散らすことなく、考える時間が持てる。

自分の人生で、やりたいこと、夢、挑戦してみたいこと、そしてどんな人間に成長していきたいのかを、じっくり考えることができる。

また、一人で過ごすことで、ひと息ついて、元気を取り戻せる。

ある人は、「一人で過ごす時間を持って、自分がいかに妻を愛しているかがわかりました」と語った。

彼は長い間、妻に不満を感じていた。しかし、ほんの短い時間でも妻から離れてみたことで、自分の気持ちを再確認する心の余裕ができたのだ。

私も家族から離れるたびに同じ体験をしている。帰宅する時はいつも、妻と娘たちに対する感謝の気持ちでいっぱいになっている。

一人の時間を持つ方法はいくらでもある。

土曜日に2、3時間ドライブするのもいいし、何日か一人で釣りに出かけるのもいい。一つだけ注意しておきたいのは、そんな旅行に、ギャンブルやパーティーといった刺激の強い楽しみをあまりたくさん詰め込まないことだ。気が散ってしまって、考えるどころではない。

一人で出かけるのにいちばんのネックとなるのは、パートナーかもしれない。人間というものは、パートナーから一人になりたいと言われると、不安を感じるものだ。しかし、たいていの人は、出かける前よりつきあいやすく、快活な人間になって帰ってくるので、パートナーはきっと喜ぶと思う。

自分の内なる欲求が初めて満たされたとき、誰しも愛する者たちに手を差し伸べ、もっと大切にしたいと思うものだからだ。

最初は1、2時間でもいいから、ぜひこの習慣を試してみてほしい。ストレスが減ってハッピーな気分になれる。

Don't Sweat the Small Stuff

27 「今」やらないで「いつ」やるの？

去年の夏は、ひときわ忙しかった。原稿の締め切りをいくつか抱え、重要なプロジェクトも進行中だった。

そんな時、世界的な女子テニスのトーナメントがこの町で行なわれるという話が入ってきた。

そして、その頃、ちょうどテニスにはまった友人がいて、彼と一緒に観戦することになった。入手困難なチケットを仕事関係者から2枚譲ってもらうことができたのだ。

友人は舞い上がった。

だが問題は、そのチケットが明日（週のど真ん中）の分だったことである。

その夜、明日の仕事を休むことの功罪を考えていた私の頭に、内なる声がささやいた。

「今やらないで、いつやるのだ？」

これは、この場合に限らず、いつ、どんな場合にも意味のある問いかけだ。

私たちはいつも、「これをやり終えたら、次からは違うものを優先しよう」と自分に言い聞かせている。しかし、この夜、それは自分をだましていたにすぎないと気づいた。

友人はテニスが大好きで、有名なプレーヤーがすぐ近くへやって来る。おまけにチケットがある。

ある知り合いが、いつかこう言ったことがある。

「多くの人は、たとえばプールつきの家を建てたいとか、そんな目標に向かってがむしゃらに働く。だが、プールつきの家が手に入るころには、子供たちはプールも、父親と過ごす時間も、必要としなくなっているのさ」

もちろん、人それぞれに都合がある。

そうしたいと思っても、ウイークデーの真ん中に休みを取れない人もいるだろう。

私だって、いつも週の真ん中に休むという決断ができるわけではない。

だが、充実した人生を過ごしたいと思うなら、時間は待ってくれないということを肝に銘じておこう。1日が過ぎ、1週間が過ぎ、そうこうするうちに、ひと月、1年、10年が過ぎていく。そして、こうつぶやくことになる。

「いつの間に、こんなに時がたってしまったのだろう」

嬉しい報告をさせてもらおう。

友人と私はトーナメントに行き、すばらしい時間を過ごした。そして、私はもっとも重要な教訓を得た。

「仕事はいつも手元にあるが、友人はいつまでもそばにいるわけではない」。

後悔しないためには、「今やらなくて、いつやるのだ」と自分に問いかけることだ。

これは、どのように人生を送るかをしっかり見きわめるのに効果的な方法である。

Don't Sweat the Small Stuff

28 「絶対にやりたいことは譲らない」と決める

「自分が絶対にやりたいことを、これからは優先させることにするよ」

ある人に、こう話したところ、興味深い答えが返ってきた。

「それは意外だな。『絶対にやりたい』というのは、頑固で融通がきかないってことだろう？　いつも君が言ってることと違うじゃないか」

「そのとおりだ」と私は言った。

「でも、本当にやりたいと思えることがあるだろう。ところが、私たちが本当にやりたいことに着手するのはいつも、『やるべきことを全部やった後』（おわかりだろうが、そんなことはめったにない）なんだ。そんなことをしてたら、いつまでたってもできやしないさ。少なくとも、思う存分にはね」

どんなに仕事や家族サービスを一生懸命やっても、自分のやりたいことをやれる時

間なんて、まず残らない。何年もかけて、私はこういう結論に達した。義務や責任をすべて果たしているうちに、時間はほとんどなくなってしまう。

何人かの人に話してみたところ、ほとんどが同じ経験を共有していることがわかった。それで、「本当にやりたいこと」を、心の中で「これだけは譲れないこと」に変えたのである。つまり、やるかどうか考える余地はないと決め、断固として優先事項のトップに置いたのだ。

多くの人が、エクササイズ、勉強、家族と過ごすことなど、心からやりたいことがあっても、実行できないでいる。

仕事の合間に時間を取るのではなく、思いきって最初から優先させてみよう。すると驚いたことに、優先事項のための時間は確保でき、おまけに他の仕事も何とか片づくのである。

少し前になるが、飛行機が遅れて、移動に丸一日かかってしまったことがある。ホテルに着いたのは、真夜中に近かった。私は、「たとえ15分でもエクササイズをすれば、きっとよく眠れて、明日も気分よく目覚められる」と考えた。ルームサービスを頼むほうがずっと楽には違いなかったが、「よし、そうしよう」と思い直した。

そして、それは大正解だったのである。

エクササイズを始めたら、たちまち気分が爽快になり、心身ともにリラックスできた。もしエクササイズを、「これだけは譲れないこと」ではなく、「時間があればすること」と考えていたなら、やらない理由にはいつだってこと欠かないだろう。

友人に、ジョギングを日課にしている人がいる。何があろうと、どんなに忙しかろうと、いつもジョギングの時間を確保している。そんな彼女を私はすばらしいと思う。それに、そうすることが負担にもなっていないようだ。彼女は幸せそうで、仕事もでき、大成功をおさめている。

自分にとって大切で、それによって元気になれると思うことなら何でも、「これだけは譲れないこと」のカテゴリーに入れてよい。

このようにして、自分自身（あるいは恋人・友人）を尊重することで、人生はより穏やかで満足できるものになる。

Don't Sweat the Small Stuff

29 いちばん〝理想的な結果〟を期待する

「生涯において何度も悪い結果を予測したが、実際、そのとおりになったのは、ほんのわずかだった」とベンジャミン・フランクリンは言っている。

これは私たちにもあてはまる。

先のことを心配し、イライラを募らせ、憤慨しているが、ほとんどの場合、何事もうまくいっている。

なのに、どうして多くの時間とエネルギーを使って、悪い結果を予測するのか？

ここでちょっと、最悪の事態を予測することがどれほど不合理かを考えてみよう。

フランクリンの言葉が正しいとすれば、ほとんどのことはうまくいくことになる。

それなのに私たちは、うまくいく材料が揃っていても、そのうち急激に悪化するのではと心配する。

実際には、**気楽にベストを尽くしてよい結果を待っていれば、ほとんどの場合はうまくいくものだ。**

それなのに、確たる理由もないままイライラを募らせていく。最悪の事態に備えて計画を立て、時間とエネルギーを費やして、壁が崩れてきたらどうすればいいかを考える。

頭の中であらゆる事態を想定して、ピリピリし、やきもきし、びくびくする。よくよく最悪を予測するのが好きなようだ。

断っておくが、問題を真剣に考えたり、先のことを予測するのが悪いと言っているわけではない。

私も不測の事態を想定するし、用心深いほうだし、生命保険にも入っている。

そうではなくて、起こる確率の低いことや、自分の力ではどうしようもないことに、不安を募らせたり、恐れたりして人生を過ごすのはやめようと言いたいのである。

この二つのことを心配するのをやめると（少なくとも、大幅に回数を減らすと）、人生にはもっと大切なことがあるのに気づくだろう。

そうすれば、日々の生活におけるストレスがぐっと減り、はるかに幸せに暮らせるようになる。

ぜひ試してみてほしい。

小さなことでかまわないから、今日から始めよう。

話し合いが決裂すると予想するのではなく、〝きっと合意に達する〟と信じる。

誰かが自分を攻撃しようとか、利用しようとしていると考えずに、〝ほとんどの人は親切で、すべてはうまくいく〟と信じる。

すると、最善の結果を予測することが、生きていくのに最善の方法だとわかるはずだ。

Frog and Toad
Are Friends

Don't Sweat the Small Stuff

30 〝妙案〟が出やすい回路のつくり方

私たちはがむしゃらに突き進む能力に誇りを持っている。

自分にその能力があると思いたいばかりに、勤勉、忍耐、努力を力と頼むのである。そして、これらはたしかにすばらしい財産であり、往々にしてよい結果をもたらす。

だが、時には、あまりしゃかりきにならず、一歩下がっているほうがよい時もある。答えがわからない場合や、何をすべきかわからない場合がそうだ。

また、自分の心の奥底に問いかけることもある。そんなときは、一般的な経験や知恵ではなく、潜在能力が必要になってくる。

頭の中がデータや情報や行動計画でいっぱいのときには思いつかず、頭がからっぽになったとたんに、ふっと思い浮かぶことがある。意識的に頭をからっぽにしてみると、潜在能力という無意識の力が姿を現わす。

たとえ、すぐには、はっきりした答えを得ることができなくても、答えはすぐそこにあると信じていればいい。

この能力は数字で表わせないので、眉つばもののように思うかもしれないが、断じて怪しいものではない。それどころか、とてつもなく有益で頼りになるものだ。

浮かんできた答えに、あなたは歓喜するだろうが、おそらく、びっくりもするだろう。私には「わあ、いったい、どこからこんな答えが出てきたんだ」というあなたの声が聞こえるような気がする。

自分の中には「知恵が存在する」と確信しよう。

そうすれば重荷から解放され、自信に満ちた気分になれる。

答えがわからなくても、パニックになったり、答えを知っているふりをしたりする必要はなく、穏やかな気持ちでいられる。

心を落ち着けて待っていれば、間もなく答えが浮かんでくることを知っているのだから。

Don't Sweat the Small Stuff

31 ストレスを減らす最良のコツ

前もってどんな結果が出るかわかっていたら、別の方法をとって、よりよい結果を出すことができる。日常生活のさまざまな局面において、私たちは一度経験した失敗を何回も繰り返している。ある時、「愚行とは、全く同じことをしていながら、違う結果を期待すること」というみごとな定義を聞いた。つまり、**違う結果を期待するなら、同じことを繰り返していてはダメなのだ。**

ある知人が、今度の休暇は気が重いとこぼした。妻子を連れて奥さんの両親の家へ行く予定だという。なぜ気が重いのかと尋ねると、彼はこう答えた。

「いつも家は狭苦しくて、頭がおかしくなるよ。家族団らんはいいけど、とにかく人が多すぎる。何日かすると、みんな不機嫌になってしまうんだ」

近くにホテルを取ろうと考えたことはないのか、と聞いてみた。そうすれば、団らんをゆったりと楽しむことができるだろう。

するとﾞ、彼はたちどころに「それはパーフェクトな名案だ」と言うのに、ホテルを取ったらみんながどんなに気を悪くするかと力説した。

休暇がどのようなものになるか、彼はかなり把握している。自分がどんな気分になるかも見当がついている。何度も経験ずみだ。先の見通しを立てるのに〝経験〟を役立てないと、またストレスの多い夏休みになるのはほぼ確実である。

予想できる失敗を避けるために「過去から学ぼう」。

それからもう一つ名案がある。

「いつもどおりうまくいかない人」ではなく、「いつもと違ってうまくいく人」を演じるのだ。**ある問題を同じやり方で処理しようとして、満足のいく結果が得られなかったら、この問題を解決する人を想像してみよう。成功する人の成功方法をマネるのだ。**

たとえば、休暇に妻の実家へ行くなら、一応ホテルを予約しておく。その上で、まだどうなるかわからないのに、トラブルが起こると決めてかからず、今年の休暇を今までいちばん楽しいものにするために協力する。

だが、いざとなればホテルの部屋があるのだ。

私たちはしばしば、想像で物事を予測する。

たとえば、私は車で5時間のところに住んでいる友人を訪ねる計画を立てたことがある。友人は、自分の家に泊まってくれと勧めてくれた。

しかし、私は、ホテルに泊まってのんびりしたいと思った。過去に別の友人の家に泊まった時、もっとのんびりと過ごせればよかったと思ったからだ。断ると相手の好意を無にすることになるとは思ったが、穏やかに自分の気持ちを話してみた。

すると、実は相手も同じことを考えていて、ほっとしたのだそうだ。大人４人と子供６人が一つの家で寝泊りするのは大変なことだ。みんな同じ気持ちだったのに、事を荒立てるのをはばかって口に出さなかったのである。

ホテルに部屋を取ったおかげで、お互いにすばらしい週末を過ごすことができた。

私たちは、人生のさまざまな局面で過去の経験や成功者の経験を生かすことができる。経験を生かせば、トラブルを予測し、避けることができる。もっと気楽で、ストレスの少ない生き方ができる。プライベートな問題でも、仕事上の問題でも、これこそ、このストレスの多い世の中でストレスを減らす最良の方法である。

Don't Sweat the Small Stuff

32 死ぬまで「やること」はなくならない

誰もが「休暇がほしい」と言う。確かに、休暇が必要な時はある。決まり切った日常を離れ、気分転換するのもいい。

数日間、あるいは数週間、働きバチの生活から離れると、クレイジーな生活のストレスはいくらかまぎれると考えるのは簡単だ。しかし、本質的な問題は、生活がクレイジーになってしまったことにある。それならば、休暇をとっても根本的な解決策にはならない。

心身の疲れは、一晩で人をボロボロにするわけではなく、徐々にたまってくるものだ。これくらいどうってことないと思った仕事や責任が、だんだん重荷になってくる。

国防費に関する、こんな名言がある。

「あちらに10億ドル、こちらに10億ドルとばらまいていたら、いつの間にか、こんなとてつもない金額になってしまった」

個人の生活でも同じことだ。仕事も、一つひとつは大したことはないように思える。しかし、積み重なればすごいことになるのだ。

「もの」について考えてみるとわかりやすい。

いったい、どれほどの「もの」をため込んでいることだろう。ほとんどは不要なものだ。たとえば郵便物。日に20通はポストに投げ込まれる。1カ月間、捨てずにため込んだら約600通。1年間だと、なんと7000通以上になる。郵便物だけでこのありさまだ。

毎日の生活も同じことだ。多くの人が週に40時間以上も働いていて、70時間という人もいる。その上、愛しいわが子をはじめ、大切な人たちの面倒も見なければならない。

家や庭の手入れもあるし、ペットもいる。エクササイズで汗を流したいし、趣味の一つも持っていたい。地域活動に参加し社会的責任を果たし、ボランティア活動だってやる。

こんなふうに、どんどんリストを増やしていくと、いつか頭がおかしくなる。回線がブチ切れるのだ。無事にこなしているのが不思議なくらいだ。
私の場合、休暇を取るより仕事の量を減らすほうがずっと効果的だった。どのみち休暇は1、2週間のものだが、仕事を減らすのは、1年365日有効である。

解決への第一歩は、問題の性質を見きわめることだ。

もし必要なら、休暇を取ってゆっくり楽しめばいい。その上で、根本的な問題は休みが足りないことなのかを考えてみたらどうだろう。

ライフスタイルを変えることこそ、根本的な解決法だ。これに気づくことで、あなたの人生はきっとまともになる。私の場合もそうだったから。

Don't Sweat the Small Stuff

33 ピンチのときこそ自分の底力を〝信頼〟して

何かにこだわっている自分、落ち込んでいる自分を追い出してしまえば、穏やかな気持ちが手に入る。

これは、何年も前に私の人生観を変えた発想である。

心の安らぎを奪っているのは、他ならぬ自分自身の雑念であり、心が平和を失い、動揺するのは、自分がそうなるように考えているからである。

この発想は毎日の暮らしにおいて、いわば野球のホームベースのような役割を果たす。もともとはそこにいて、そこから離れていき、また戻ってくる場所なのだ。

もし恋人やパートナーがあなたのもとを去って行ったり、浮気をしたりしたら、とてもハッピーな気分ではいられない。

子供の身に何かあったり、仕事を失ったり、火事にあったり、車が盗まれたりしたら、あなたの心は動揺する。

でも、自分を見失うことなく、冷静さを保っていると、人生のかじ取りをしたり、次々と立ちふさがる問題に対処する力が強くなる。

雑念に振り回されなければ、何が起きてもうまく対応していける。

何だか単純すぎるとお思いだろうが、そんなことはない。実際、よく考えてみると、非常に論理的である。原点からフラフラとさまよい出て、もう一度「ホームベース」へ戻るのか、それともさらに遠く離れてしまうのか。

この考え方を心にとめておくことで、人間的にも大きく成長できる。

すべて自分の考え方しだいということは、自分自身の幸福と心のやすらぎに全責任を負うことに他ならないのだから。

Don't Sweat the Small Stuff

34

「ウソをつくな」。現状を受け入れることから始める

自分の力ではどうすることもできないと認めずに、抵抗しようとするから人はイライラする。

たとえば、誰かが（あるいは自分が）仕事でミスをしたり、勤務先の店舗で何かを置き間違えたり、壊したりする。計画がドタキャンされたり、遅れたりする。

そんなとき、私たちは現状を受け入れられずにイライラする。まるで、イラつくことで問題が解決するかのように。頭の中であれこれ考え、人に同情し、じたばたし、苛立つ。ひと言で言えば、「何とかならないか」という気分である。

悪戦苦闘もむなしく、現状はどうにもならない。そんなときは、

「こんなこともあるさ」

とつぶやいてみよう。私が知る（そして、やってみた）かぎりにおいて、これほど

心がやすらぐ言葉はない。

たとえ気に入らない結果であっても、起きてしまったことをそのまま受け入れたら、すべてを水に流すことができる。

「こんなこともあるさ」とつぶやいて、一件落着。もう終わったことだ。大騒ぎする必要はどこにもない。

「何とかならないか」「こんなことさえなければ」などと思いわずらうより、あるがままを受け入れるほうがずっと賢明だし、穏やかな気持ちでいられる。

もっとこうであればよかったと思うより、事実を受け入れるほうがずっと賢く、最終的には心にやすらぎをもたらす。

コップが床に落ちて割れた。

それがどうしたというのだ? そんなはずはないと抵抗したり、割れなければよかったのにと思ったところで、苦しみと後悔が生まれるだけだ。腹を立てるのは、愚の骨頂である。

この知恵は、あらゆる状況、ストーリーに適用できる。鍵を失くした、望んでいた昇進がかなわなかった、息子がひどい成績表を持ち帰った、近所の犬が芝生をめちゃくちゃにした、ガールフレンドが他の男と仲良くしていた、などなど。

現実を受け入れるといっても、失意のどん底を楽しんだり、災難がふりかかるように祈れということではない。ただ、「こんなことさえなければ」とどんなに願っても、どうにもならないのだ。少なくとも、今すぐには。

コップが明らかにあなたのミスで落ちたとしても、「私のせいじゃない」などとウソをついてはいけない。「悲しいのに嬉しい」などとウソをついてはいけない。

ウソをつかずに〝素直に〟現状を受け入れよう。

「こんなはずじゃなかった」と無駄な抵抗をするのはやめよう。
そうすれば、とてつもない解放感が味わえる。

「人生にはこんなこともある」と自分に言い聞かせると、やすらぎと受容に満ちた人生という大きな収穫が得られるのだ。

Don't Sweat the Small Stuff

35

〝最高の追い風〟が吹くのをじっと待つ

すぐれたゴルファーが次のショットの目測をしている様子は興味深い。時間をかけて、周りの状況をすべて頭に入れている。万全だと思えるまでじっくりと待つ。

人生でも同じことだ。

実り多い人生にするためには、忍耐強くなることが必要だ。じっと待っていれば、必ずチャンスは訪れるし、解決策も思いつく。

すばらしいゴルフのゲームと、実り多い人生には、興味深い共通点が多い。機会があれば、ゴルフを1ラウンド観戦（あるいはプレー）してみるといい。そして、このスポーツが持つ深い意味を考えてみよう。

周囲を観察する。分析する。失敗したらまた分析する。他の人の意見に素直に耳を傾ける……毎日の暮らしに、こういったインスピレーションにあふれた新しい視点をもたらすことができるだろう。

じっくりと好機を待つ——。

これが成功者の黄金法則なのだ。

Don't Sweat the Small Stuff

36

人生はテストだ。テストにすぎない

私のお気に入りの、コミカルだけれど、示唆に富む言葉を紹介しよう。

「Test……Test……人生はテストだ。ただのテストにすぎない（だから、どこへ行くべきか、何をすべきか指示してくれてもいいではないか）」

初めてこの緊急放送システムの警告をもじったジョークを目にした時、すぐに、なるほどと思った。

このひょうきんなメッセージが、名医の指示のように思える時がある。

じっくり味わってみると、実際、人生はさまざまなテストの連続かもしれないと思えてくるのだ。

この言葉がバツグンの効き目を発揮した、忘れられない出来事がある。

子供を持つ人が多数集まった会合で、「子供たちが大騒ぎしている最中に冷静さを保つ方法」について講演した。

終了後、飛行機に長時間乗って帰宅したのだが、その夜は娘の一人が家で「お泊まり会」をすることになっていた。

娘たちは犬か猫のようにはしゃぎ、大変な騒ぎで、家の中は散らかり放題だった。疲れていたせいもあり、これじゃまるでサーカス小屋だと思った。だんだん腹立たしくなってきて、心の平安など、どこかへ行ってしまった。

しばらくして私はオフィスへ出かけ、メールを読んだり伝言のチェックをしたりした（早い話が、逃げ出したわけだ）。

書類が入った引き出しをかき回していたら、「子供たちが大騒ぎしている最中に冷静さを保つ方法」のメモが出てきた。

それを見たとたん、腹の皮がよじれるほど大笑いしてしまった。さっきまで大勢の人に教えてきたことなのに！

いや、全く、なんてテストなんだ――私は落第生じゃないか。

たちまち気持ちが落ち着いた。全く滑稽としか言いようがない。

私はその日、まさにこのテーマで人に話をしてお金をもらってきた。それが冷静さを失って、このザマだ。すっかり気持ちを入れ替えると、私は家へ戻って、小さな客人たちをもてなす準備を気持ちよく手伝った。

あなたも、この言葉が役に立ちそうな体験をいくつも思い出せるのではないだろうか。

これからは、いつもこのメッセージを紙に書いた〝最終兵器〟を持ち歩こう。そして、小さい問題にぶつかってイラつき始めたら、その紙を取り出すのだ。イラついている自分に気づいて、気持ちが和み、肩の力が抜けるはずだ。

このシンプルな方法を、ぜひ試してみてほしい。きっと、やってみてよかったと思えるだろう。

Don't Sweat the Small Stuff

37 どんな傷でも、時が〝必ず〞癒やしてくれる

パートナーや恋人との口ゲンカは、少し距離を置いてみると、くだらないことに思えてくる。

あるいは、誰かが駐車場であなたの車に小さな傷をつけてしまい、そのまま詫び一つ言わず去ってしまったとする。「そういうこともあるだろう」と距離を置くことで、こうしたこともよくあると割り切ることができ、さほど深刻な問題ではないと思えてくる。気にするなとは言わないが、必要以上に大騒ぎすることもないのだ。

仮に、あなたが直面している問題を「握りしめたこぶし」だとしよう。

こぶしを握りしめ、目の前に持っていくと、視界が塞《ふさ》がれてしまう。こんなふうに、どんなに小さいものでも、近くにあればずいぶん大きく見える。では、そのこぶしを少しずつ目から離して、できるだけ遠ざけてみよう。距離を置くと、問題がずっと小

さく見えてくるのである。時間、距離を置くことで人々は互いにもっと仲よくなれ、**どんなに深刻な問題もささいなことに見える。**私も同感だ。

「どんな傷でも、時が癒やしてくれる」という言葉があるが、問題解決においては、距離にも時間と同じ効果がある。問題から遠ざかると（あくまでも、比喩としてだが）、その全体像がはっきりと見え、解決法も見つけやすくなるのだ。

この知恵を日常生活でも活用しよう。頭の痛い問題と距離をおくと、それがクッションになり、問題との正面衝突を避けることができる。シンプルではあるが、実に効果的な考え方だ。ある人と論争になった時、私はまるでドラマのような筋書きに自分を見失ってしまった。そこで「時間と距離を置く」ことを思い出し、気持ちの上で論争からできるだけ離れてみた。

すると、たちまち見方が変わって、それほど深刻な問題ではないと思えた。肩の力が抜け、相手の言い分にも一理あるような気さえしてきた。あなたもぜひトライしてみてほしい。**今度ささいなことに苛立ったら、その悩みの種と時間、距離を置いてみる。**

ほんの少し離れるだけで、トラブルを解決して前に進めることに気づくだろう。少し距離を置いて見ると、人生とはなんとも不思議な魅力にあふれたものだとわかる。

＊ 無理なく「困難を乗り越えられる」〝頭のいい考え方〟29

Don't Sweat the Small Stuff

38

〝保身〟をやめると〝味方〟が増える

寛大になることは、最も簡単なストレス軽減法でもある。お金、時間、もの、アイデア、愛――何に対しても寛大な人というのは、あまり小さなことにくよくよしない。**ストレスがない人は、心が「与える」という方向に向いている。**

時間、お金、持ち物――何でも気前よく手放せるのだ。程度の差はあっても、自分の利益を守ろうとあくせくしない。ものに固執しないということは、頑固でないとも言える。くよくよ考えがちな厄介事やミスも、大して気にしない。

失うものはないと思っているので、自分がミスをしたときも、保身に走らずに、あっさりとミスを認める。ミスから学べばいいと考えるのだ。寛大さのいちばんの特性は、謙虚であることだろう。だから、素直に謝ることができるのだ。

自己弁護したり、責任逃れをしたり、人のせいにしたりしないで、率直に自分の非

を認めて前に進もうとする。

こういう態度をとられると、周りの人もむやみに腹を立てないですむ。

それに、人の成功を喜び、自分の才能や能力が人の役に立つことを喜ぶ。スポットライトを人と分け合い、譲るべきときはいさぎよく人に譲る。

当然のことながら、こういう人は愛され、尊敬される。そして、その人生は喜びに満ち、有意義なものになる。

逆に利己的な人は、自分の欲求や願望を満たすためにあくせくし、いつも世間とぶつかっている。何でも自分の思いどおりになると思っており、ならないと不安になる。人を見たら泥棒だと思い、いつも保身の姿勢を崩さない。恐れと怒りの世界に住み、いつも警戒している。

こうした不安とは無縁の「ストレス・フリーの生活」を始めてみないか？

与えられたものに感謝し、喜んで人と分かち合う。心の狭い人のように恐れや猜疑心を持たず、人生を満喫し、小さなことにくよくよしない。

今より、ほんの少し心を広く持ってはどうだろう。一人ひとりが今より10パーセントずつ寛大になったところを想像してみよう。

Don't Sweat the Small Stuff

39 体が健康になると、つられて「心も健康に」！

私は健康のエキスパートではないが、一つだけ確信していることがある。体が最高に健康な状態のときは気分もいい。そして、気分がいいと、小さなことにくよくよしなくてすむ。健康で体調がいいと、気分がいいのはもちろんだが、他にもメリットはたくさんある。見た目がよくなり、よく眠れる。エネルギッシュになる。それに、異性の視線も集まる！

年齢に関係なく、健康な人からはエネルギーがほとばしり、健康に無関心な人よりセクシーに見える。自分の体に関心を持つと、（ただ関心を持つだけでなく、実際に努力すると）効果は目に見える形となって表われる。

「健康」と言うとき、特に心配するような病気にかかっていない状態を指すことが多い。病気でないことイコール健康だと考える。私が言いたいことは少し違う。

私にとって健康とは、単に病気でないだけでなく、バイタリティにあふれた状態である。健康な人はエネルギーに満ちあふれ、強じんで柔軟性に富む。

遺伝の問題など自分でコントロールできないこともあるが、力のおよぶ範囲では、何事も有利に運ぶことができる。

私の両親は、ずっと前から健康に関心を持っていた。近ごろではすっかり健康のエキスパートだ。どうも、20年前より今のほうが健康で幸福そうだ（本人たちもそう言っている）。フィットネスのためには努力を惜しまず、ほとんど毎日エクササイズを続けている。最近、3人でホテルのジムへ行った。ウエイト・リフティングを30分やって、私は音《ね》をあげた。

ところが両親は、その後もしばらく続けていたようだ。2人ともベジタリアンで、健康にいい食品しか食べない。ヘルス・アンド・フィットネスに関する本は、手に入るものはすべて読んでいる。

両親からはいつも刺激を受けるし、もしあなたが2人に会うことがあれば、高齢者とは思えないエネルギーに満ちあふれていると感じるだろう。

ものの考え方や生活態度に、体の健康は大きな影響を与えるのである。

Don't Sweat the Small Stuff

40

「すべてうまくいく」と信じる

先日、非常に貴重な体験をしたので、ぜひ、あなたと分かち合いたい。「心」が持つパワーを、もう一度思い出してもらいたいのだ。

私はとてもネガティブな気分だった。気が重く、途方に暮れていた（ひどい組み合わせだ）。

オフィスに入っていくと、机の周りに積み上げられた書類の山に危うくつまずきそうになった。返事をしなければならない電話や依頼のメモは、机の上におさまり切らず、別の場所に積まれていた。

これを処理するのに、いつまでかかるだろうと考え始めた。原稿の締め切りは迫っているし、新しいプロジェクトについて交渉しなければならないし、手に余る仕事を抱えていた。

自分がみじめになり、休みがほしいと思った。そのとき、ふと気づいた。私は落ち込んでいる。ずっと落ち込んでいたのに、気づかなかったのだ。

落ち込んでいるときは、たいていそうであるように、自分の人生は問題だらけに思える。山のような仕事、差し迫った締め切り、オフィスの狭さしか目に入らない。

しかし、「今の自分は特別くよくよしている」というのは間違いだった。

どういうことかと言うと、**自分が落ち込んでいると気づくや否や、今目の前にある情景は、いつもと何ら変わらないことを思い出したのである。気分がよければ、どうってことはないと思える。**

一つずつ片づけていき、ベストを尽くすのみだ。

全部きれいに片づくわけがない。しかし、ハイな気分のときは、それでも気にならない。これが私の仕事だし、好きでやっているのだから。

ところが、気分が滅入っていると、同じ仕事やトラブルに押しつぶされそうになる。

頭の中にひらめくものがあった。悪いのが仕事の山ではなくて、自分の気分であるなら、何をうろたえる必要があるというのだ⁉

何も問題はない。気分ならいずれ変化するのだから。

滅入った気分が、自分のものの見方や態度に影響を与えていると気づいたことで、私は救われた。すべては気分のせいだと認識したら、たちまちプレッシャーや重苦しさから解放された。そして、書類の山の間に少しスペースをつくって、仕事に取りかかった。

その日はすべてがうまくいった。自分の気分が影響していると気づかなかったら、どんな一日になっていただろう。そう考えるだけで、ぞっとする。

私の体験から学んでほしい。自分の気分を知ることは、私にとって視野を広く保つために有益である。

「すべてうまくいかない」と思えば「すべてうまくいかない」。

「すべてうまくいく」と思えば「すべてうまくいく」のだ。

Don't Sweat the Small Stuff

41 もう満腹なのに、まだ食べますか?

私たちは「モア・イズ・ベター」の社会に住んでいる。幼い頃から繰り返し、お金、権力、もの、友人、経験——何であれ、多ければ多いほどいいのだと教えられてきた。**自分でも気づかぬうちに、「モア・イズ・ベター」の哲学を生活の隅々まで持ち込んでいる。私には、ここに私たちの苦悩の原因があるように思える。**誰でも豪華な食事を目の前にすると喜ぶ。しかし、どれだけの人が〝心と体の適量〟を知っているだろう。「十分」ではなく、「もっと」ほしがる習性のために、つい食べすぎてしまう。仕事についても同じだ。週40時間働くと、もっと働こうと思う。すると、50時間でも60時間でもやめられなくなる。もっと働いて、もっと働いて……その先にあなたは何を求めているのだろうか? どこで「これで十分」と線を引くかは難しい問題だ。

たとえば、車を1台持つことは裕福さの証明だし、何より便利だ。では、2台ならどうだろう？　3台では？　どこで便利なものが重荷に変わるのだろう。明確な答えは思い浮かばない。手がかりは、自分に問い続けることで得られそうだ。

1日に休息のコーヒーを何杯飲むかであろうと、今年の休暇日数を何日にするかであろうと、量を増やすことで得られる満足感は、増やすたびに減っていき、ある時点からは急降下するということだ。

昨日、家を8軒所有する人と話をした。8軒も家があるなんてすごいねと言うと、「とんでもない。もう、うんざりだよ」という答えが返ってきた。ずっと前から「道具に使われる」状態だという。彼はどこから見ても「成功者」である。しかし、毎日、持ち物の世話にかかりっきりで、とても楽しんでいるようには見えない。

多くの人は1軒の家さえ持てないでいる。8軒なんて夢のまた夢だ。だが、この話からは学ぶべき点がある。責任、所有物、友人、計画、その他もろもろ――どこで「十分」と思えばいいのだろう？　自分の生活を点検して、問いかけてみてほしい。

何であれ、**足るを知り、「これで十分」と思えたら、今まで以上に自分が所有しているものに喜びを見出せるだろう**。私も、この考え方について語るのは、これでやめておこう。たくさん書けばいいというものではないだろうから。

3章

あらゆる人間関係が劇的に〝よくなる〟シンプル・ルール19

「人は人」「自分は自分」だから……

Don't Sweat the Small Stuff

42 尊敬できる友人に会いに行こう

多くの人から、「恋人と親密な関係になってから、友人とはつきあわなくなった」と聞かされた。

ほとんどの人は、大切な人ができると、友だちと過ごす時間をあきらめる道を選ぶようだ。

なんてもったいない。

親しい友人とのつきあいが、あなたの人生にどれほどの恩恵を与えてくれるか、とても言葉では言い表わせない。

同性の友人との交流は、インスピレーション、成長、元気、喜びの源である。

私は2、3カ月に一度は、親友と2人で数日間遊びに出かけることにしている。そして、日常を離れて貴重な時間をともに過ごす。

スキーや釣りといった目的を持って出かけることもあるが、大抵は特に何をするでもなく過ごす。そして、人生やさまざまな出来事について話し合ったり、考えたり、笑ったり、相手の話をじっくり聞いたりして、時には助言もする。

この話をすると、「彼女（彼）は、とてもそんなことは許してくれませんよ」と言う人がいる。まるで何か悪いことでもするみたいだ。

もちろん例外もあるだろうが、パートナーに、自分が友人と時間を過ごすことをどう思うかと尋ねてみると、ほとんどは「いいことだと思う」と答える。

時々、数日家を離れる（特に罪悪感や煩わしさを感じることなく）。すると、精神的に驚くべき効果が表われる。

親しい友人と数時間、数日をともにして家に帰ると、妻や子供たちに対する感謝の気持ちが高まるのを感じる。

この恩恵を受けることで、私は間違いなく、出かける前よりよい人間に、作家に、夫に、父親になって帰ってくる。何よりも、私自身がより幸福になっている。

子供たちでさえ、その変化に気づいているようだ。娘に「（友人の）ベンジャミン

（彼は娘たちの名づけ親でもある）と2、3日出かけてくるよ」と告げると、「パパ、楽しんできてね！　それから、ベンおじさんによろしくね！」という声が返ってくる。

人間は多面的な動物だから、さまざまな欲求がある。たとえどんなにすばらしい人格者であろうと、一人の人間が一人の人間に対してすべてのニーズを満たすことは不可能だ。

この事実を否定することは、私には真の恩恵と喜びの源を奪っているように見える。

しかし、一つだけ注意しておきたい。

友人と一緒に過ごす時間に価値があることを、パートナーにも理解してもらおう。

自分は喜んで友人と出かけておいて、パートナーが同じことを望むと文句を言う人がいる。そういう人は、「パートナーとは生涯をともにすると決めてはいるが、所有物ではない」ということを忘れているのだ。

多くの人は実に忙しく、たくさんの責任を背負っている。

しかし、1年は365日もあるのだ。

そして、あなたも心の奥底では、精神を健全に保つために、友人がどんなに大切かということに気づいているはずだ。

ほんの少し、よき友人と過ごす時間を持ってみたらどうだろう。泊まりがけで旅行に出るのが無理なら（あるいは望まないなら）、一緒に食事をしたり、山歩きしてみるだけでもいいのではないか。

1週間に一度とはいかなくても、半年に1回、1年に1回、友情の価値を認め、優先し、育てることで、人生が与えてくれる最大の贈り物を再発見することになるだろう。

Don't Sweat the Small Stuff

43 自分以外の仕事は簡単そうに見えるのだ

イライラ&くよくよするとき、まず他人に矛先《ほこさき》を向けてしまうことがしばしばある。どうしてあんなことをするのか(あるいは、しないのか)とムカついたり、イラついたり、あるいは単に理解できなかったりする。

昨日、レストランへ出かけたら、一人の男性が店員に、サービスが悪いとかなりしつこく文句をつけていた。

目をむいて、「まったく、どいつもこいつもなってない!」と言っている。彼の目にはひどいサービスと映ったのだろう。

しかし、この日レストランはとても込んでいて、ウエートレスは忙しく立ち働いていて、見るからに人手が足りていなかった。あらゆる状況を考慮すると、よくやっているのだ。「なってない」のは、この男のほうである。

別の日、空港でも同じような光景を目にした。

何人もの人が怒りをあらわにして、チケットカウンターの職員に不満をぶちまけ、口ぎたなく罵《ののし》る人もあった。


困ったことに、人の仕事は簡単そうに見え、自分の仕事だけが大変なものに思える。しかし、もっとハッピーな人間になりたいと思うなら、次の二つのことを肝に銘じておく必要がある。

一つ目は、全部とは言わないまでも、**大多数の人は最大限の努力をしている**ということだ。これは間違いない。親しい友人にでも、聞いてみるといい。**ほとんどの人は自分の仕事に誇りを持っており、いい仕事をするために身を粉にして働いていると言うだろう。**

二つ目は、**どんな仕事も、外から見るほど楽でも簡単でもない**ということだ。

誰かの仕事をしている自分を想像（想像するだけでいい）してみると、謙虚な気持ちになれる。

ほんのしばらく、チケットカウンターの職員、ウエイター、学校の先生、ホテルの予約係、テレフォン・オペレーター、フライト・アテンダント、電車の駅員の身になってみる。どの仕事もそれぞれ大変で、煩《わずら》わしいことがいっぱいだ。

以前、高給取りのエグゼクティブと一人の男の興味深い会話を小耳にはさんだことがある。

エグゼクティブは、「こんなにストレスが多く、時間を取られる仕事はたまらない」とぼやいていた。

するともう一人の男が、本当のストレスとは、子供に満足な食事も与えてやれないことだと言い返した。エグゼクティブは言葉に詰まっていた。なかなかいい光景だった。

高給取りがストレスの多い仕事をしていることは間違いない。

しかし、それは高給取りに限らず、主婦でも、小さな子供でも、どんなサラリーマンでも、**誰しも、はた目には想像もできないようなストレスの多い日々を生き、要求やプレッシャーを抱えている、ということを忘れがちだ。**

このことに気づけばしめたもので、視野がぐんと広がる。

より忍耐強く寛大になれる。

人の暮らす環境はさまざまだし、持っている才能、使命、欠点もさまざまだが、人はみな、根本の部分では大差がないのである。

今度誰かを怒鳴ったり、こきおろしたくなったときは、一度深呼吸をして、「ま、大目に見てやるか」と心の中でつぶやいてみる。今度あなたがミスをしたときは、誰かが大目に見てくれることだろう。

Don't Sweat the Small Stuff

44 人が嫌がることを率先して引き受ける

どんなに〝小さな〟ことでも、誰かに親切にすると、私たちは幸せな気分になれる。

試しに、1週間に最低一つ、人のために何かをすると決めたらどうだろう。

カレンダーに印をつけ「その日は親切なことをする」のを最優先事項にするのだ。

きっと二つの驚きがあるだろう。親切にするのはなんて簡単なのだろう、そして、なんていい気持ちになれるのだろう。

どんな小さなことでもいい。

たとえば、「あなたのことを考えているよ」と伝えるためだけに、誰かに手紙や電子メールを送る。ロマンティックな意味ではなく、花を贈るのもいい。あるいは、街角の赤い羽根共同募金やあしながおじさん基金にお金を寄付するのでもいい。余裕がなければ、ほんの少しの金額でいいのだ。

どうしても、何かしてあげる相手が思い浮かばないというなら、目立たないが、世の中に役立つことは、いくらでもある。

私がやっていることの一つに、毎日ペットボトルや空きカンを10個以上拾うというのがある。スーパーの店先、職場の駐車場、道ばたなどに落ちているのを拾う。20秒もあれば十分で、手間もかからない。それでも実行するたびに、ほんのちょっといい気分になれる。

どんなに小さなことでも、たまにいいことをすると、それが〝嫌な気分のリセットボタン〟のような役割を果たす。

自分にも「他人に役立つことができること」を思い出させてくれるのだ。それは大きな自己肯定だ。積もり積もれば〝自分に自信を植えつける〟。

また、パートナーや恋人に、「君がやりたくないこと（皿洗い、料理、洗濯、買い物、子供の送り迎え、芝生の水まきなど）を、しばらく僕がやるよ」と言うのも、驚くほどいい気分になれる。ぜひ今日から一つ試してみてほしい。

Don't Sweat the Small Stuff

45 話はできるだけ〝短く〟

「相手の心を読む」テクニックは、実に役立つ。

実際、出会う人すべての心が読めれば、どんなに人間関係が楽になるだろうか。

誰かに話をするときは、相手のボディランゲージに注意を払い、どれほど興味を持ってくれているかをチェックしよう。

質問があるかないかにも注意する。

自分に関心がない態度をとられても、悪意に取ってはいけない。上手に話を切り上げればいいのだ。

たとえば相手が不機嫌そうだったら、一方的に話していないか、注意を払おう。

逆に相手が話に聞き入っていたり、興味を持っているとわかれば、相手が自分の話の何に、関心を持ってくれたのか相手の心を読もう。

このように、**相手の気持ちを気遣うように心がけることで、人とのきずなは自然と強くなっていく。**

これが相手とつながっているということだ。話が弾んでいるときはそれをうまく利用すればいいし、そうでないときも、必要以上に心を痛める必要はない。

同じようなことが、電話での会話にも言える。誰かに電話をかけたら、まず「今、よろしいですか」と尋ねてみる。

相手の都合がよければ安心して話せるし、都合が悪ければ、手短かに切り上げるか、改めてかけ直せばいい。

どちらにせよ、お互いにとってよかったということになる。至急の用件でないかぎり、都合が悪い場合は後でかけ直すほうが双方にとってよい。

私はいつも「今、よろしいですか」と尋ねるのだが、こんな簡単なことでもたくさんの人に好意を持ってもらえた。

もし自分が電話を受けたほうだったら、こう尋ねられてほっとするだろう。「ああ、助かった」と思い、相手に感謝するだろう。それは誰でも同じである。

あなたがされて嬉しいことは、誰でも嬉しい。

基本的に人は忙しいと思ったほうがいい。

話しかけるというのは「相手の時間を奪う」ということなのだ。

Don't Sweat the Small Stuff

46 ライバルは他人ではない。「過去の自分」！

友人より稼ぎが少ないとか、隣人が持っているような車を買う余裕がないとかで落ち込んではいないだろうか。

または今年の業績を去年と比べたり、次の休暇日数を3年前のそれと比べてみてはいないだろうか。そんな〝比較の悪魔〟に追いかけられていないだろうか。

つい先日も、まさにそんな会話を耳にした。空港の待合室で、ある女性が夫に、「前のヨーロッパ旅行ほどは期待できないでしょうね」と言った。どうも、前回の旅行を上回ることにしか関心がないようだ。

残念なことだが、人と人を、あるいは、ある経験を別の経験と比べてばかりいると、「一つひとつの体験がそれぞれにユニークで、価値あるもの」だということを忘れてしまう。

人生コンサルタントとして何千人もの人の〝幸福の価値観〟を見てきたが、幸福の感じ方が一人ひとりあまりに違うことに驚いてきた。

あなたが今朝ゴミ箱に捨てたものは、誰かが何十年ずっとほしかったものかもしれない。また、誰かがどうでもいいと思っているアイデアこそ、あなたの住んでいる地域ではずっと必要だった知恵なのかもしれない。

考えてみてほしい。

貧困な家庭に生まれたら、富を得ることに大きな大きな喜びを感じがちだ。

逆にお金持ちの家に生まれた人は「お金を稼ぐ」ことにそれほど達成感を感じられないことも多い。

いったいどちらの人が幸せと、誰がどういう価値基準で比べられるのだろうか。

あなたが幸せかどうか決めるのは「あなたしかいない」。

誰かを羨ましいと思う気持ちを止めなさいとは言わない。

だが、自分が幸せかどうか、自分自身が輝きをましているかどうか決めるのは「あなた」だ。

子供たちが小さかった時、上の娘がその年齢でできていたことが、下の娘にはできないことに戸惑っていた。

すると、妻が愛情のこもった、だが皮肉っぽい口調で「あなた、あの子はあの子。別の人間なのよ」と言った。

そう、別の人間、別の場所、別の問題なのだ。

何かと比べている自分に気づいたら、「人は人」「自分は自分」と紙に書き出してみよう。

他人と比べることは〝バカらしいこと〟だと早く気づいてほしい。

あなたが求めているのは「他人を負かしたい」「他人より差をつけたい」ということではなく、「もっと自信をもちたい」「自分の人生に満足したい」ということだと思うからだ。

Don't Sweat the Small Stuff

47 「理想の自分」の〝自己紹介文〟をつくる

最近、何が人に喜びをもたらすかを研究したのだが、これは非常に楽しい作業だった。

私が話を聞いた人で、自分は幸せだと感じている（あるいは私から見て、今の自分に非常に満足していると思える）人の90パーセント以上が、ダンスや英会話など、仕事以外に趣味を持っていたり、地域のボランティア活動に参加していた。

大の大人が目を輝かせて、情熱を語る姿はなかなかいいものだ。

有意義な仕事をし、経済的に成功したり、業績を上げるのも、大切でやりがいのあるものだ。

それと同時に、自分にとって意義のある活動に情熱を傾けると、とてつもない充足感がもたらされる。自分を磨いている喜び、人の役に立っているという実感。

——それに勝るものはない。それ以外のことは小さく見える。

なんでもいい。あなたはどんなときに目を輝かすのだろうか？　教えてほしい。

簡単な自己紹介文をつくってみよう。


「私は○○社で○○をやっている○○です」

だけでなく、

「小さい頃からバレエに憧れていましたが、28歳になってようやくバレエを始めました。みんなからはあきれられていますが、でも、一日の中で踊っている時がいちばん楽しいです」

「絵本が大好きで、毎年4月になるとボローニャで開催される、世界で唯一の絵本の国際ブックフェアにかけつけます」


こんな仕事用以外の自己紹介文をつくってみよう。

これから出会う初対面の人に、自分をどういうふうに紹介したいだろうか。

人は、好きなことを語る時が最も美しい。

人に読み書きや外国語を教えることに喜びを見出している人、道に落ちている空きカンを拾う人、それから、お金を寄付したりアイデアや知力を提供することに歓びを見出す人がいる。

たとえ今趣味がなくても、あなたが「楽しい！」と思う活動は無限にあると考えていい。楽しいことで人と響き合う時間には格別の喜びがある。

たくさん時間をかける必要はない。実際、ほとんどの人はそれほど時間をかけていない。

熱意を持つだけで十分なのだ。どれだけ時間をかけるか、どれほど深く関わるかは自分で決めればよい。しかし、かけた時間が無駄になるということはない。非常に効率よく人生に喜びをもたらす方法だと言える。

何であれ、共鳴できる活動に思い切って飛び込んでみる。

あなたの人生にプラスになることは間違いない。

Don't Sweat the Small Stuff

48

「1時間だけ悩んで」あとは忘れる

「時間がない」ことを嘆いている人は多い。「時間ができたら、一念発起して外国語、留学、ダンス教室、ビジネススクール、恋人探しにエクササイズ、読書、ヨガ……を始めるぞ」と考えては、5年、10年経っても実現できない。「今は無理だが、そのうち必ず始めるよ」と何カ月、何年も言い続けてはいないだろうか。

人生は忙しい。これまでも、そしてこれからも。やっと少し時間ができたと思ったら、たちまち別の用事で埋まってしまう。そんなものだ。

しかし、ここに解決策がある。

「1時間解決法」と名づけてみた。

では、実践方法をお教えしよう。

まず、1日に1時間、つまり1週間に7時間を心からやりたいことに使うと決心する。1週間168時間のうち、合計で7時間を、自分がやりたいことに使う。

好きなことなら何でもいい。

私は、この7時間をジョギング、ジムでのトレーニング、瞑想、読書、ヨガ、ストレッチなどを組み合わせて充実させている。

エクササイズだけのときや、ヨガと瞑想だけのときもあるが、いつも前向きでエネルギッシュな気分になれて、心も体も元気になる。

そのかわり、1時間でキッパリやめて、仕事なり、家族サービスの時間へと移行する。オンとオフの切り替えを厳しく決めることで、あなたは時間管理の達人になれるだろう。

これは悩みを解決するときにも役に立つ考え方だ。

「1時間だけ悩む」「1時間だけ心から楽しむ」ことによって、あなたはその1時間にものすごく〝集中〟できるのだ。

「自分のための1時間」を確保するには、何かを我慢したり犠牲にしなくてはならない。

しかし、健康増進、体力の向上、精神の安定、バランスの取れた人生、学習能力のアップ、視野が広がる、創造力の向上などすばらしい見返りがある。どう考えても、やらないと損だ。

この習慣こそ、あなたの人生を変えるかもしれない。

Don't Sweat the Small Stuff

49 何もかも自分でやる必要はない

多くの人が、自分のために使える時間がないことに不満を持っている。

その理由の一つに、何もかも自分でやろうとすることが挙げられる。

それでは、いつまでたっても自分が本当にやりたいことはできない。

「やるべきこと」から無罪放免になるのは、おそらく50年後になるのではないだろうか。

この状態から抜け出すためには、まず、優先順位を厳しくチェックし、次に挙げる3つの問いに答えよう。

①「今、やらなければいけないこと」のうちで、「自分でやりたいもの」はどれか。

②人に手伝ってもらえそうな仕事はどれか。

③いちばん肝心なことだが、人に頼んだ場合、空いた時間で何がしたいのか。

「やるべきこと」から逃れ、自由な時間を手に入れるためにお金を払うことがあってもいいと思う。

お金がかかるのが困るなら、空いた時間を、あまりお金のかからないことに使うといい。

自分でやりたい仕事や、人を雇うとお金がかかりすぎる仕事もあるだろう。

ここで言いたいのは、何もかも自分でやる必要はないということだ。

全部自分でやらなくてもいいと気づけば、自分の時間を見つける新しい方法を獲得したことになる。

Don't Sweat the Small Stuff

50

人の欠点には目をつぶる

私の見るところ、ほとんどの人は、心の奥は思いやりにあふれている。しかし、日常のささいなことに思いやりを示すのは意外に難しいようだ。

ある座談会に参加した時のことだ。一人が話し始めたが、少しつじつまが合わないところがあった。すると、別の人間が口をはさみかけ、なぜかやめてしまった。

その場の状況からすると、その人が話に割り込み、誤りを指摘したとしても、別にどうということはない。誰も死んだり傷ついたりするわけではないのだ。

だが、話をしていた人間にとっては大きな痛手になったことだろう。

結局、その話は大ウケし、聞かせどころではみなが笑った。本人にとっても、私を含む他のメンバーにとっても、ちょっぴりよい1日になった。

確かめたわけではないが、口出しを控えた人は、「よい選択をした。これでよかった」と思ったに違いない。大した理由もないのに、くちばしを突っ込んで同僚の話を台なしにしていたら、その人はどんな気分になっていただろう。

そのことに何の意味があっただろう。

「相手の気持ちを考慮し、話に耳を傾け、感謝の意を表し、ちょっぴり親切にする」。

それだけで、日常生活にも思いやりの心を示すことができる。ほんの少しずつでも毎日これを実行すれば、あなたは家でも職場でも友人の集まりでも、好感を持たれ、愛される存在になれる。

思いやりの心を持つと、間違いなく、自分も幸せになれる。人に親切にしたり、忍耐強く対応するたびに、心が穏やかさで満たされるのだから。

あまり手厳しく人を批判するのはやめよう。

よほどの欠点でないかぎり目をつぶろう。

人の意見にも一理あると考えてみよう。そんなことをちょっと心がけるだけで、今日一日を〝気持ちよく〟過ごすことができる。

Don't Sweat the Small Stuff

51 自分が貢献できる〝小さなこと〟を探す

マザー・テレサの言葉を紹介したい。

「大きなことは、わたしたちにはできません。わたしたちにできるのは、小さなことを大きな愛をもってすることです」

世界を変えるには、何も「大きなこと」をしなくてもいい。小さなことで十分だ。毎日の暮らしの中にも、できることはいくらでもある。

まず、自分の家庭や近所に、思いやりとやすらぎをもたらす。同僚や友人のためにできることはあるし、共感を覚える活動に、お金、アイデア、時間、それに愛を贈ることもできる。

実際に思いやりをみせるチャンスは、毎日、何百と与えられている。

何ごとにもあまりキリキリせず、忍耐強く対応する。仕事や将来、恋愛に悲観している人がいたら、ほほ笑んでみせる。

安全運転を心がける、道ばたの空きカンを拾う、リサイクルする、無駄づかいをやめる。いさかいを避け、人を批判的に見るのをやめ、許して受け入れる。誰かがイラついていたらなだめてあげる。

思いやりの心をふくらませることで、あなた自身がよりハッピーに、やすらかな気持ちで暮らせる。

どんな形であろうと、自分がよりよい世界をつくる一端を担っていると自覚することで、心は満たされ、求めていたやすらぎが姿を現わし始める。

Don't Sweat the Small Stuff

52 嫌いな人は人間関係のコツを教えてくれる〝最高の教師〟

ある人から「どうしたら小さなことにくよくよしないですみますか?」と尋ねられた。私はとてもシンプルなアドバイスをした。

「ピリピリ、イライラしている人を反面教師にすればいいのですよ」と。

そう答えながら、私は思わず笑ってしまった。

まったく、ささいなことに目くじらを立てている人を見て、なんて無駄なことだろう、なんてみっともないのだろうと感じたら、「あんなふうにはなりたくない」と思いを新たにするのは簡単だ。

人目もはばからずウエートレスや販売員を罵ったり、駐車スペースのことでケンカをしたり、サービスが悪いと怒鳴る人がいたら、じっと観察してみよう。

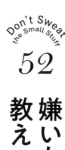

その人をバカにしたり、話題に取り上げて批判したりするのではなく、その過剰な反応ぶりと、それがどれほど視野の狭いものであるかを観察することだ。

他人を見て初めてわかることがある。

嫌いな人の無作法な振る舞いを観察して〝学べば〟、今後、人生のさまざまな場面に穏やかに反応できるようになる。何かささいなことに動揺することがあっても、すばやく冷静さを取り戻せる。

おそらく、次に小さなことで身近な人や職場の人が怒り出したときは、いい勉強になるなあと思うのではないだろうか。

Don't Sweat the Small Stuff

53 恥ずかしがらずに人に相談する

ある女性から、婚約者と一緒にカウンセリングを受けたことで、関係が破綻せずにすんだという話を聞いた。

婚約するとすぐ、彼は、「女の指図は受けない」という態度を取り始めた。彼女が結婚式のことや結婚後のことで何か頼んだり、彼のやり方に不満を言ったりすると、冷淡でよそよそしい態度を示した。

後に、この男性は非常に口うるさい母親に育てられたことがわかった。母親は彼の行動をいちいち監視していたようだ。

それで、当人は意識していたかどうかはわからないが、彼はこんなことは二度とごめんだと心に誓ったのだ。

「二度と再び、女にああしろ、こうしろとは言わせないぞ」と。

その結果、結婚や家庭に関することについては、ちょっとした期待やもっともな要求にさえ拒絶反応を示した。

カウンセリングを通じて彼は、婚約者の女性が母親と同じように自分を思いのままに指図しようなどとは考えてもいないということが、わかってきた。

彼が反抗していた相手は彼女ではなかった。

子供時代の、干渉されて息が詰まりそうな気持ちを、大人になっても引きずっていたのだ。彼の言葉を借りれば、「自分は母親に腹を立てていた」わけだ。

すぐれたセラピストの手にかかると、自分自身について、それまで見えなかったことが見えてくる。

セラピストの助けを借りてリラックスした状態になり、自分の心の中を探検する。

すると、本当の自分を発見することができる。

理想的なケースでは、カウンセリングによって内なる自分の欲求やコンプレックスを〝発見〟し、愛と洞察にあふれた人生を歩むことができる。

また、健全な人間関係を育むのを阻んでいる心の習慣を断ち切り、パートナーに対する愛情をよみがえらせることもできる。

専門家でなくても、誰かに話を聞いてもらうことで、こうした変化が起きることもある。ほんの少し誰かの助けを借りれば、ずっと簡単に自分を見つめ直すことができるのだ。


自分が誰かに腹を立てたとき、後になって、実際はその人以外の人に、あるいは自分自身に腹を立てていたのだとわかったことが何度もある。

たとえば、何年も前になるが、私は妻に腹を立てていた時期があった。

彼女には友人と会ったり、やりたいことをする時間があるのに、私にはないことが原因だった。

しかし、実際は彼女にではなく、自分のための時間を優先しない自分自身に腹を立てていたのである。

第三者に相談することで、あなたが「誰に」あるいは「何に」腹を立てているのか、はっきりわかるようになる。

自分自身を「ありのまま」に見れば、小さなことを大きなことにしてくよくよしたり、イライラしたり、怒ったりせずにすむのだ。

思いきって恋人、友人、家族同僚、親戚……誰にでもいい。自分がわからなくなったら、人に相談してみよう。

Don't Sweat the Small Stuff

54 メールは一日寝かせてから出す

職場で誰かがミスをして、あなたはあまりの怒りで頭に血がのぼったとする。あなたは「あいつのせいだ」と決めつけ、その人物に面と向かう。それも一つの方法だ。

しかし、この場合、解決法は二つある。

一つは勢いに任せて、人前で事を荒立てる解決法。これには他の人にもルールをわかってもらうという目的もあるだろう。

もう一つは、自分が冷静になるのを待ち、人がいない場所で話をする解決法だ。あなたが周りの人ともっとうまくやっていくことを望んでいる人だったらこの後者の解決法をお勧めしたい。

少し時間を置けばあなたもミスした人も冷静になれるからだ。ミスした直後に注意することは大事だが、怒りをぶつけると、相手は萎縮してしまう。

怒りのメッセージを電子メールで送りつけたり、留守電に残すのも同じことだ。

相手がどんなに嫌なヤツであろうと、どんなに腹が立っていようと（そして、その怒りがどれほど正当なものであろうと）、自分にこう問いかけてみる。

「この電子メール（あるいは留守電）はどんな結果を招くだろう？」

少し冷静になって考えてみると、自分の過ちに気づく。それでも、どうしても何か言わないと気がすまないとしても、その機会は後でいくらでもあるのだ。


往々にして、私たちは人を窮地に追い込み、すぐにどうにかしろと決断を求める。それでは相手にプレッシャーをかけることになる。できれば、相手に考える時間を与えるか、返答を求める前に解決方法を示してやるとよい。


たとえば、先日、友人からこんな電話があった。

「10日の週にそちらへ行く用事があるので泊めてほしいんだけど、いいかな？」

このような悪気のないひと言でも、私を追い詰めるには十分だった。できれば、こんなふうに持ちかけてもらえれば助かったのだが。

「10日の週に近くまで行く予定があるんだ。きみの都合さえよければ会いたいな。スケジュールを調べて、来週にでも電話をもらえないだろうか」

内容は同じでも、私が感じるプレッシャーはぐんと減る。

何かを人にお願いする前（メールする前、電話する前、話しかける前）に、ちょっと考える。

ここで、ほんの少し頭を使っておくと、この先、数年間のストレスを防止できる便利な考え方なのである。

Don't Sweat the Small Stuff

55

「あいつのせいだ」という言葉は禁止

小さなハエがクモの巣にかかったところを思い浮かべてみよう。ハエは何がなんだかわからないまま、むなしくもがき続ける。

悲しいかな、私たちもあわれなハエのように、自分の思いにがんじがらめになるときがある。

私たちは、銀行口座の残高から恋人のひと言、コンピュータの動作速度まで、ありとあらゆるものを気にしている。自分のスケジュール、人の考え、車のへこみ、自分の過去や未来、他人の言葉。

また、いろいろなことにカッカとする。パートナーの昔の恋人、政治、ニュース……。重大な問題もあるにはあるが、ほとんどは取るに足らないことである。

小さなことにくよくよするときというのは、何かに引っかかっているのだ。何かが起こると（あるいは、起こらないと）、なぜだろうと考える。考えるたびに思いはどんどん膨れ上がり、夜も眠れなくなる。もう少し考えれば、問題は解決しそうな気がする。

実のところ、解決法はその問題自体と向き合うことではなく、あなた自身と向き合うことにある。その対象より、あなたがそのことを気にしすぎていること自体が問題なのである。

たとえば、職場で上司の言葉に頭にきたとしよう。あなたが「お昼前に仕上げてね」「なんでこんなこともできないんだ」という言葉に強く反応するからストレスを感じるのだ。ストレスを引き起こすのは、相手の言葉ではなく、あなたのリアクションなのである。

上司の言葉にイライラし出したら、一度立ち止まってこう考えてみてほしい。

「それはそんなにイライラするほど大きな問題か？」

１００人の人に「どうしてそんなに怒っているのか」と尋ねたことがある。圧倒的多数の人は「あいつ（あるいは、あの件）のせいだ」と答えた。腹を立てるだけ損だと受け流せる人は、まずいないと言っていい。

ポイントは、「自分が過剰に反応している」と気づくことだ。

小さな問題にとらわれていることに気づけば、冷静になれて、一件落着し、明るい気分に戻れる。

ぜひ、この方法を試してみてほしい。今度ストレスを感じたら、自分が過剰反応しているだけではないかとチェックしてみる。そして、「ほらほら、まただよ」とつぶやき、強く反応するのはやめようと自分に言い聞かせる。

これからも、頭にくることは限りなくあるだろう。しかし、早期発見できるようになると、それだけ容易に小さなことにくよくよしている自分から抜け出すことができるようになる。

小さなことに「過剰反応している自分」を発見するという考え方は、今すぐにでも役に立つ。

Don't Sweat the Small Stuff

56

「愛を与える人」だけが「愛を与えられる」

自分には人からスペシャルな注目を浴びたり、完璧なサービスを受けたり、高級品を持ったりする権利があると信じ込んでいる人は驚くほど多い。そういう人は、はた目にも謙虚さに欠け、鼻持ちならない人と映る。

このテーマについて話をすると、決まって「お金を払った場合でも、よいサービスを期待してはいけないのですか」という質問を受ける。それはまた話が別だ。

ここで取り上げたいのは、「これは自分の権利だ」「自分は特別だ」「高級品以外は持ちたくない」と言わんばかりの態度をとることである。

対極にあるのが、何事にも感謝の気持ちを持つという考え方だ。感謝の気持ちを持てる人は、どんなことに対しても、「なんてすばらしい」と感動できる人でもある。

そういう人のそばにいると、さわやかな気分になれる。よいサービスを受けたら、

「ありがとう」と言って喜ぶ。

誰かが自分の話を聞いてくれたら、感謝感激する。高級品を持ち慣れていても、自分はなんて恵まれているのだという気持ちを忘れない。

誰かがミスをしても、受け入れる心の余裕がある。他人に寛容なのだ。ハイレベルなものを求めてはいるが、客観的な視点を失わない。小さなことにこだわらないのだ。

反対に、「自分は特別扱いされて当然」と考えている人は、小さなことにこだわる。何に対してもパーフェクトを求める。

さらに、物事が思ったとおりに運ばないと、苛立って不安になる。人を罵ることにまるで罪悪感を感じない。「当然の権利」という感覚が骨の髄までしみ込んでいるのだ。

この感覚は人間関係にも表われる。「ちょっと待て。お前は俺のおかげで生きてこれたのだ」などと言う人がいる。今まで自分が相手に尽くしてやったのだから、一生、相手をそばに置いておく権利があるとでも言うかのように。これは違う。

「お互い助け合うけれど、感謝の気持ちは忘れない。

決して君が私を助けることを、当たり前とは思わない」

というのが仕事・家庭で「愛し、愛される関係」である。

有名人とかお金持ちにもこのような態度を取る人がいる。とてつもない才能とチャンスと幸運に恵まれたわけだが、自分は幸運だったという部分を忘れている。

仕事や人生で成功しても謙虚さを失わない人を見るのは、心が洗われる思いがする。いろいろなことに恵まれたおかげで今の自分があると思っており、感謝の気持ちを忘れない。謙虚さを失った人が人の信頼を得るのは難しい。

このことから何を学ぶべきかは明らかだ。

恋人、仕事相手、パートナー、身の回りの環境に感謝しよう。

このことさえ覚えておけば、「当然の権利」という考え方に陥らないですむ。これが当たり前と思わず、感謝の気持ちを持ち続けよう。

求める（執着するのではなく）気持ちと、手にするための努力とのバランスを保っていれば、調和のとれた、幸福な人生を歩んでいける。

Don't Sweat the Small Stuff

57 周りの人を自分の〝ファン〟にする

誰だって、人からほめられるのは嬉しいものだ。

相手に認めてもらった喜びが体の奥から湧き上がってくる。

「心を込めて人をほめる」と、二つの〝いいこと〟があなたを待っている。

1 相手があなたのファンになり、応援してくれる人になる

たとえば、愛する人たちを心からほめると、相手は自分に自信を持って、ポジティブな気持ちで生きていける。

あなたがいつも相手のことを認め、愛していると伝えると、相手もあなたのことを今まで以上に愛してくれるようになる。まるで「愛情銀行」に預金するようなものだ。

それは人生の隠れた宝物の一つである。

同じように、仕事仲間や一緒に仕事をしたいと思う人をほめると、彼らはあなたを肯定的に見るようになる。ほめ言葉を口にする人は多くないので、あなたの存在は際立つ。おそらく好印象を持ってもらえるだろう。

ほめてくれた人を嫌いになる人はまずいない。きっとあなたの成功を祈ってくれる。親切にしてくれたり、助けてくれたりする。人から親切にされ、信用され、愛されると、あなたの人生は和やかなものになる。

2 気分がよくなる

ほめるという行為の対極にあるのが批判である。

誰かを批判するのは、あまり気分のいいものではない。言われたほうも、間違いを指摘されると、嫌な気分になる。つまり、あなたも相手も、ネガティブな感情を味わうことになる。

反対に、人をほめると、状況は一変する。相手が喜ぶだけでなく、あなたもいい気分になれる（しかも、その場ですぐ）。

誰かをほめて喜ばせたときの、自分の気持ちを思い起こしてみよう。たちまち、心がうきうきと弾んだのではないか。

人をほめることに、何かデメリットがあるだろうか。

人をほめるのは簡単なことだし、人間関係を良好にしてくれる。

相手をいい気分にさせ、あなたも喜びを感じる。

ほめ言葉は、あなたの人生も、相手の人生も、ほんの少しハッピーにする。

Don't Sweat the Small Stuff

58

相手に「何を伝えたいか」整理しよう

何年も前になるが、すばらしい講演家である友人のジョージ・プランスキーから、「3回目のルール」なるものを教えてもらった。それは、講演の本質に関わる同じ質問を3回されたら、もう一度、最初から説明し直すべきだというものだ。

つまり、メッセージが聴衆に届いていないということで、その責任は話し手にあるというのだ。

このアイデアは、日常生活で人とコミュニケーションを取る場合にも大いに役立つ。メッセージが相手に伝わらないことは、けっこう多いのだ。

子供、妻または恋人、部下や上司に、なぜ「言いたいこと」が「伝わらない」のか?

相手が自分の言いたいことを理解してくれないとき、私たちはつい相手のせいにしてしまう。意識的にせよ無意識的にせよ、話が通じないのは相手の責任だと考える。

だが、冷静に考えてみると、多くの場合、それは間違いだとわかってくる。メッセージを送ったり、頼みごとをしたり、情報を伝えたいなら、自分が責任を持ってきちんと伝わるようにするべきではないだろうか。

携帯電話で、おそらく秘書に向かってだと思うが、「もう25回も同じことを言ったはずだ」と怒鳴っている男がいた。

25回はオーバーだとしても、話が通じていなかったことは確かだ。私の考えでは、これは秘書ではなく、彼に落ち度がある。秘書の理解能力をとやかく言う前に、自分のコミュニケーション能力をどうにかすべきだ。

相手がパートナーや恋人でも同じことだ。

部下が指示どおり動いてくれないときは、察してくれない相手に腹を立てるより、もう一度やり直すつもりで、こう自分に問いかけてみる。

「自分の気持ちを伝えるには、どうすればいいだろう」

「理解してもらうには、どのように話せばいいのだろう」

これがどんなに効果的か、きっと驚くと思う。

外国に行って、土地の人にホテルへの道順を尋ねたとする。言葉が不自由なために、実際には海岸へ行く道を尋ねてしまった。あなたが海へ着いたとして、これは相手の落ち度だろうか。もちろん、相手は悪くない。

誰かに何かを伝えようとするとき、この論理を当てはめてみる。すると、どうしてわかってくれないんだとイラつかなくてすむ。

相手が理解してくれるのを期待するより、どうしたら伝えられるか〝自分が〟〝工夫〟するのだ。

もちろん、あなたがわかるように話しているのに、相手がちゃんと聞いていないという場合もある。

それでも、人に理解を求めるより、自分の話し方を変えるほうがずっと簡単だ。この考え方でいけば、長い間には、人間関係にがっかりする回数がずいぶん減ると思う。

私もこの考え方に何度も救われた。

Don't Sweat the Small Stuff

59

相手にとって「得になる話」をする

「思ったことを口に出す」という言葉がある。時にはこれで問題が解決することもあるのだが、「胸の内をぶちまける」というのは、これとは微妙に意味が違う。

私の知るかぎり、誰でも腹を立てたり、イラついたり、不機嫌になったり、嫉妬したりする。よからぬことを考えたり、心配したり、悲観的になったりする。珍しいことでも何でもない。

問題は、ネガティブな思いが心に浮かぶかどうかではない。ネガティブな思いは誰でも浮かぶのだから。それよりも、そうした思いを口ぎたなく他人にぶちまけてしまうことにある。

ネガティブな思いが心に浮かんだとき、それをぶちまけると、自分の気分も問題そのものも悪化する。たかが「思い」なのだから、胸の中にしまっておけばいいものを、つい、人にしゃべってしまう。

自分の胸の内を人に聞いてもらいたいときがあるのを否定するつもりはない。あって当然だと思う。

大切なのは、人にも聞かせたいから、あるいはその話が相手のためになるから話すのか、それともただ渦巻く思いに苛立ってぶちまけたいのか、この違いを見きわめることだ。

この考え方は実に効果的で、あなたのイライラは大幅に少なくなるだろう。

今度胸のモヤモヤに襲われて誰かにぶちまけたいと思ったときは、そうすることが自分にとっても相手にとっても得策かどうかを考えてみる。

もし相手にとって「得になる話」だと思えたら話せばいい。

だが、そう思えなかったら、口にチャックをして、その思いが通り過ぎるのを待つ。

ほとんどの場合、通り過ぎていくのだから。

Don't Sweat the Small Stuff

60 この1分1秒も「かけがえのない自分の人生」

私が以前、全米中を飛び回り「幸福」に関する意識調査をする仕事を依頼された時のことだ。

完成までにみっちり1週間かかりそうだった。

その間、「もっとやりたい仕事」には手をつけられず、その仕事をするはめになった。不満だった。

私は少々苛立ってきて、この仕事が早く終わればいいと思うようになった。そして、しょっちゅう「あと5日」「あとたった4日」などと指折り数えていた。

そんなある日のこと、なんてバカなことを考えてるんだと気づいた。

何があろうと、あと1週間はこの仕事をやらなければならないのだ。知らずしらずのうちに、この仕事は楽しくないと決めつけ、さっさと片づけてしまおう、そうしたらハッピーになれると考えていた。なんてバカバカしい、浅はかなことか。思わず心の中でつぶやいた。

「おいおい、これは私の人生じゃないか。1分1秒を楽しまなくてどうするんだ」

これはささやかな覚醒ではあったが、私の心のあり方をがらりと変えた。

その後も仕事の完成を待ち望む気持ちに変わりはなかったが、それからの2カ月間は、それなりに毎日を楽しむことができた。


次から次へと私たちの前に立ちはだかる障害、厄介な問題。それだって自分の人生の一部なのだ。

人生とは結果ではなく、スタートからゴールに至るまでの、あらゆる出来事の積み重ねなのだ。

気を使う相手との会話、ちょっとした親切、犬の散歩、雄大な日没、宿題のレポート、皿洗い、通勤……そんな日常のひとこまひとこまが人生なのである。

そんなことは、わかりきっていると思うだろう。だが、なかなかそうはいかない。

人はつい、「このゴタゴタを切り抜けたら、そこから新しい人生が始まる」と思いがちだ。

しかし、考え方を変えると、「ゴタゴタ」そのものがすばらしい人生なのだ。

実際のところ、人生は「ゴタゴタ」でいっぱいだ。もめごと、片づかない仕事、待っているのにかかってこない電話……。

進行中のプロジェクト、支払いを待つ請求書、消さねばならない火事。あちらでは誰かが自分に腹を立てているし、こちらでは処理しなくてはならない仕事が山積みだ。

でも、それが人生なのである。

何かを追求し続ける――確かにそれも人の生きる道だ。

しかし、心の片隅に覚えておいてもらいたい。

あなたの人生の大部分は、ゴールを駆け抜ける一瞬ではなく、レースそのものなのだ。

ちょっと心の置きどころを変えるだけで、あなたの人生はずっと豊かなものになる。

お楽しみを先に延ばさないで、たった今から、楽しんでしまおう。

4章

もっと〝元気で楽しい〟自分になれる！12の方法

グングン〝心の底力〟が湧き出すアイデア

Don't Sweat the Small Stuff

61 「必要なこと」から手をつける

目的、業績、成功といったものをめざしてがんばるのは、程度の差はあっても、現状に満足していない証拠である。

何かを求めるからこそがんばるのであり、照準は未来に合っている。がんばっているとき、あなたの心は安定しているとは言えない。

つまり、がんばる目的はさまざまだが、がんばっても心の安定は得られない。がんばればがんばるほど、心の安定からは遠ざかることになる。

この矛盾に気づかないと、求めるがゆえに求めるものが得られないという結果になってしまう。これでは、どんなに努力しても堂々めぐりだ。

気が散ったり、腹を立てたり、焦ったりして心の安定が崩れると、いい仕事ができなくなる。いつも忙しがっている人は、つねに空いた時間を埋める仕事を見つけ出す。

そして、また新たな混乱が生じる。

ストレスなく仕事をするには、優先順位を考え、本当に大切なことを選択する必要がある。たとえば、適切なペースで毎日を送れるように、スケジュールを調整する。自分自身や家族など、大切なもののために時間を取るようにする、など。

ストレス・フリーの仕事術

①優先順位を正しく見きわめる。

「やりたいこと」からではなく、「今、必要で緊急なこと」から手をつける。

②もっと今の〝瞬間〟に集中する。

今の瞬間に集中しているときは、心が安定していると言える。他のことを考えずに一つのことに没頭できているだろうか。

他の仕事に気が引かれることなく、今していることを100パーセント楽しむ。今に集中していたら、次にやるべきことを頭がせわしなく考え始めても、それに気づくようになる。

この二つを実践すると、予定表に項目を増やすのではなく、減らそうとするようになる。そうすると肉体的にも精神的にも余裕ができて、自分の生活を見直し、優先順位を考え直すことができる。

向上心を持つなと言っているわけではない。

しかし、ひたすらがんばることで毎日の生活を楽しめなくなると、いい仕事ができなくなる。

いい仕事は、リラックスした状態に身を任せたほうが生まれやすい。

すると、仕事の一つひとつを楽しみながら、自分の可能性をあますところなく発揮できるようになる。

Don't Sweat the Small Stuff

62 やることをやってしまったら、あとは「寝て果報を待ちなさい」

私たちは行動するときも考えるときも、フルスピードで突進する傾向がある。確かにこうした傾向が実際に有利に働く場合もある。

だが逆に、ほんの短い時間でも、ゆったりと「待つ」ことがよい結果を生む場合もある。

つい先日も電話がかかってきて、とんでもないミスのために、私のスケジュールがめちゃくちゃになったと知らせを受けた。ひどい知らせだ。私はとっさに、思いっきり怒鳴りつけてやろうと思った。

だが、待つことが最良の方策である場合もあることを私は知っていた。

そして、このケースではそうして正解だった。十分もしないうちに謝罪の電話が入り、結局、何も問題はないことがわかった。もし電話していたら、関係者がよけいピリピリし、さらにややこしいことになっただろう。待つことが適切な解決法だったわけだ。

ある会議に出席した時、一人の女性が「どうしていいかわからない問題を抱えており、とても不安だ」と打ち明けた。

隣にいた人が、「イライラせず、必ず解決すると信じていれば、きっとうまくいくよ」とアドバイスした。

一見、深みのないアドバイスを言っているだけのように思える。しかし、実際には、このアドバイスはずっと意味のあるものだった。

昼食後、悩んでいた女性は、まさにアドバイスどおりに、突然、解決策がひらめいたと報告した。あれこれ考えるのをやめて一人で昼食をとっていたら、特に意識せずともアイデアがひらめいたのだ。

皮肉なことに、最も効果的な考えや最高のアイデアは、必死に考えている時ではなく、しばらく放っておこうと決めた時に思い浮かぶことが多い。

静観を決め込んだ時、考えが濾過《ろか》されて表面に浮かび上がる。まるで、独立した意志を持っているかのように。

いつも必要な時に浮かぶとはかぎらないし、このケースのように、都合よく昼の休憩時間に思いつくものでもない。それでも、アイデアが自然に浮かぶのに任せると、よい結果が得られることが多い。

イライラせずに待つというのはなかなか難しい面がある。

でも、やってみると、たちまちピリピリしていた心が落ち着くのを感じるだろう。

それに、すばらしいアイデアを思いつくというおまけまでついてくるのだ。

Don't Sweat the Small Stuff

63

「たまには失敗しないと」人生で失敗する

「A」と見積もられていたものが、請求書では「C」になっていたことがあった。あなたも経験者なら、これがちょっとしたストレスになるとわかってもらえるだろう。

私は注文を受けた人に電話したのだが、その対応に非常に感銘を受けた。すべての責任を引き受けただけでなく、弁解がましい態度は一切とらず、しかも丁寧だった。

心を込めて謝罪し、すぐに問題を処理してくれた。私はすっかり感心し、すぐにも彼のところから何かを買いたいと思ったくらいだ。

これまでの経験を振り返ってみてはっきり言えるのは、**トラブルが起きたときに最**

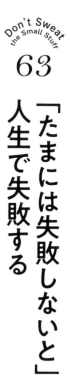

も苛立つのは、ミスそのものより、ミスへの対応だということだ。

相手がピリピリして自己防衛的な態度を見せると、交渉はひどく厄介なものになる。相手が責任を認めないと、問題はこじれ、こちらのストレスは募るばかりだ。

謙虚さに欠ける人は、気づかぬうちに自分自身のストレスも増やしている。人から援助や信頼や称賛や励ましを受けるどころか、全く逆のことが起こる。相手のイライラを高じさせるので、さまざまなトラブルが発生することになるのだ。

私自身、これまでに数え切れないほどミスをおかしてきた。ミスをおかした相手（職場の仲間、友人、家族、妻、子供たち）に対して謙虚な気持ちを持っていたときは、みんなミスを許してくれて、先へ進むことができた。

ところが、頑として自分の立場を譲らず、謙虚さを忘れたときは、問題はこじれた。関わりのある人々は、ますます苛立ち、腹を立てた。

このような体験から、私は次のことを学んだ。

謙虚さをつねに忘れずに行動すると、みんながハッピーになれる。

つまり、自分がトラブルの一因であることを認め、相手の立場も考えて、気持ちよく謝罪する態度を忘れないことである。

では、謙虚になるにはどうしたらいいかというと、謙虚であることの価値をより強く認識することである。

じっくり考えてみると、人の謙虚さに感動したこと、傲慢さに頭にきたことはいくらでも思い出せる。謙虚な態度をとると、相手も尊敬し、許し、好意をもって応えてくれる。

頭にきた自分にも、怒らせた相手も恨んではいけない。

こんな学びのチャンスを与えてくれたのだと感謝をしよう。

ミスしたからといって必要以上に落ち込む必要はない。

ミスによってミスした本人も、イライラした人も何かしらの「学び」を得ているはずだからだ。

そして「たまには失敗しないと人生で失敗しちゃうよ」と考えてみよう。

Don't Sweat the Small Stuff

64 それはじっくり考える“価値”のあるものか？

たとえば、「全く、あいつには頭にくる」などと思ったとしよう。

そのとき、原則として二つの選択肢がある。

一つは、腹を立てている理由を正当化し、自分には腹を立てる権利があると考える。

すると、不愉快な気持ちはどんどんふくらみ続ける。この状態にはまっていくのがどんなに簡単か、誰しも身に覚えがあるだろう。

もちろん、受け入れる必要のある気持ちもあるし、あるいは、そうすることで何かの役に立つ場合もある。

しかし、ここで言っているのは、何ら生産性のない怒り、フラストレーション、ストレスを引き起こす雑念のことだ。前ぶれもなく心に浮かび、このようなネガティブな感情を呼び起こす他は、何の役にも立たない。

誰でも怒り、ストレス、心配、苛立ちといったとりとめもない思いが、心に浮かんでくることがある。それを自在にコントロールするのは無理だが、ちょっと立ち止まって、

「これはじっくり考える価値のあるものか？」と考えてみよう。

バカバカしい自問だと思うかもしれないが、くだらない考える必要のないことには、とっとと「永久追放」しよう。

この、とてもシンプルでわかりやすい基準に照らし合わせると、くだらない思いは簡単にドアの外に放り出すことができる。

ぜひ、この質問を試してほしい。あなたを落ち込ませそうな雑念が心に浮かんだら、こう自問してみよう。

Don't Sweat the Small Stuff

65

10秒かけて深く息を吸って冷静になる

この本は、ストレスを減らし、より幸せな人生を生きる方法をお教えするものである。しかし、あなたの目的が、大成功をおさめたり、大金持ちや有名人になることであっても、私はやはり「冷静になろう」と勧める。

同様に、あなたのいちばんの関心事が、肩の力を抜いて、正しく優先順位をつけることであっても、あるいは人間関係を改善する方法を求めているのであっても、同じアドバイスをする。「冷静になること」はそれほど重要で、効果的な考え方である。

私たちはみな、やるべきことで手いっぱいの状態だ。数多くの責任がのしかかる、予定はかち合う。それに加えて目標、夢、計画、義務。いつだって山のような問題が同時進行している。

こうした義務や責任を、血が上った頭でせわしなく処理しようとしたら、混乱とストレスを招くのは目に見えている。それはまるで、完全な集中を必要とする仕事をしているそばで、10人以上の人が口々にあなたに要求を突きつけ、「急げ、急げ、時間がないぞ！」と、のべつまくなしに叫んでいるようなものだ。

落ち着いて取り組めば、どんな仕事も比較的簡単にこなせる。せわしなさやおしゃべりや混乱に気を散らすことがないので、仕事もはかどる。何をすべきかが、はっきりとわかるようになるのである。

余裕ができて、忍耐強くなる。気が立っていないので、パニックにもならないし、ミスも少なくなる。同僚からも信頼され、自負心も生まれる。

物事を大局的に見ることができるので、優先順位も的確につけられる。緊急事態だと大騒ぎすることなく、本当に緊急を要することかどうか、見きわめることができる。

実際に体験してみないと信じられないだろうが、冷静に取り組めば、大騒ぎするよりずっと〝よい仕事〟ができる。

しかも、重要な仕事ほどそうである。無理に結果を出そうとするのではなく、なるべくしてよい結果が出るのである。よいアイデアを不意に思いついたりする。

冷静になれるかどうかは、あなたの気持ちしだいだ。冷静になることにメリットがあると思えたら、その方向へ進んでいける。問題が増えるだけだと決めつける（よくあるケースは、冷静になるとやる気や競争心がなくなるのでは、という恐れだ）のではなく、落ち着いた精神状態に価値を認めるなら、冷静になるのは難しくない。

内面の穏やかさを獲得するには、いくつか方法がある。瞑想やヨガを正式に習うのも効果的だ。実践していくうちに、その恩恵は日常生活にも反映されていく。あるいは、自分が焦っているとか、せわしなく考え事をしていると気づいたときに、冷静になろうと努力してみるのもいい。

ストレスを感じたり、一度に10のことに気を取られていたら要注意である。

そんなときは10秒かけて深く息を吸い、一歩下がって意識的に気持ちを落ち着かせよう。新しいやすらぎになじむにつれ、その状態を心地よく感じるようになる。

いつだったか、あまり冷静になりすぎてもよくないのではないか、と質問されたことがある。そんなことを心配する必要は全くない。

Don't Sweat the Small Stuff

66 いちばん初めに「細心の注意」を払う

私はいつも、何かあった後で取り繕ったり修復したりするより、そういう事態が起こらないようにあらかじめ手を打つほうがずっと簡単だと思っている。

たとえば、増えた体重を減らすより、適正体重を保つほうがずっと簡単だ。これを自覚しているおかげで、ある種の食品にはノーが言えるし、食べすぎないよう自重できる。後のことを考えれば手を出さないほうがいいぞ、と言い聞かせるのだ。

同じことがエクササイズにも言える。時間をつくるのが大変でも、定期的に運動するほうが、何週間か何カ月かサボった後で取り戻そうとするより、ずっと楽だ。こう自分に言い聞かせることで怠け心にもムチが入り、よし、がんばろうという気になる。

この考え方は多くのビジネスシーンにも通用する。多少面倒でも、最初に細心の注意を払っておくと、後でトラブルが発生するのを防げる。

たとえば、採用の際に面接をしっかりやっておくと、問題を起こす人間を雇わなくてすむ。つまり、将来起きる問題を未然に防げるわけだ。さらに、良心的なやり方でビジネスを行うことで、将来大いに助けられる場合もある。

顧客を怒らせたり失望させたりした後で信用を回復しようとするより、現在顧客が満足しているなら、その状態を保つほうがずっと簡単だ。

シンプルな知恵だが、それによって得られるものはとても大きい。

「ころばぬ先の杖」という知恵は、プライベートな人間関係にも役立つ。

残念なことだが、多くの人が「恋人や友人が自分にとって、どんなに大切な存在かわかった時には、すでに遅すぎた」と語った。

そうならないように、私は妻との愛情を、結婚記念日に豪華なディナーに連れて行くことより、毎日の暮らしの中で、シンプルなやり方で育んでいきたいと思っている。

問題を未然に防ぐことで、人生を豊かに、楽にできる。

よく考えれば、あなたもきっと、この考え方がどんなに効果的なものかがわかる。

Don't Sweat the Small Stuff

67 「誰」に「何を」頼めば、楽になる？

「あなたを楽にするアイデア・リスト」をつくろう。

このリストは備忘録ではない。一般に、リストにはやるべきことを書き並べる。優先順位を決めたり、記録をつけたり、約束を忘れないためにつくるものだ。確かに役に立つのだが、時には押しつぶされそうな気分になる。リストに従って行動すると、いつもリストに追いかけられているような気がしてくる。

この「あなたを楽にするアイデア・リスト」とは、毎日をシンプルに、ゆとりを持って、有意義に生きる手段を簡単に見つけるための道具である。

リストアップした項目に、なぜ、これがよいアイデアなのかメリットがわかるように、簡単な説明を書き加えておくとよい。たとえば、こんな感じである。

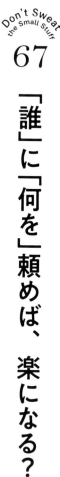

①「部下」に「月曜日の会議の議長」を頼む

仕事が多すぎて、時間が足りないからだ。来月までに、あまり重要でない月曜日五時からの会議の議長を部下に任せよう。

②「夫」に「火曜日の犬の散歩」を頼む

火曜日は早朝会議があったり、子供を迎えにいく時間が早かったり、仕事が多かったりとついつい、犬の散歩ができない日が多く、飼い犬に悪いなあと思っていた。思い切って、夫に頼んでみよう。

もちろん、これはほんの一例にすぎず、他にも多くの項目が考えられる。

リストをつくると、今すぐに、あるいはいつか実行できる可能性がぐっと高くなる。リストアップする項目が、仕事、心、人生にゆとりをもたらすものに限られているかどうか、もう一度確認する。

そういうリストをつくると、目に見えて興味深い効果が表われる。なぜなら、目の前にリストがあると、それを実行に移さないのは、どうにも後ろめたく感じるものだからだ。

たとえば、前述のリストがあなたのもので、電話のそばに置いてあるとする。ある人から何かを依頼する電話がかかってきた。時間がなかったり、気が進まなかったりした場合、あなたは同意するのに二の足を踏むだろう。だが、もしリストがなかったら、いつものように反射的に「イエス」と言ってしまうに違いない。

先日、仕事で出張が多い人から、こんな話を聞いた。「仕事にゆとりをもたらすリスト」をつくり、「行かなくてもすむ場合には、電話、メールですませて出張を断る」という項目を入れてみた。すると、20パーセント近く出張を減らすことができたという。

人はそれぞれ、能力も、弱点も、財政状態も、好みも違うのだから、リストもそれぞれに違ったものになる。

自分のための「人生を豊かにするアイデア・リスト」を、ぜひつくってみてほしい。

紙に書いたものがどんどん実現していくことで、どんなに状況が変わってくるか。きっとうれしい驚きになるだろう。

Don't Sweat the Small Stuff

68

「ひらめき脳」の簡単なつくり方

頭の回転が速いのは、いいことばかりのように思える。

とにかく、頭の回転が速い人は、同時にいくつも仕事を抱え、10のことを同時進行で考え、たくさんのことを一度に処理できる。

しかし、ストレス、心配など、さまざまな問題も抱え込んでいる。

創造力にあふれたアイデアが不意に浮かんだりするのは、静かな精神状態のときだ。ストレスを感じているときではない。静かな心はやすらぎに満ち、幸福で、反応もよく、有能である。

全く思いもよらないときに、すばらしいアイデアや解決法がひらめいたという経験は誰にでもあるのではないか。何かを思い出そうとして思い出せず、考えるのをあきらめたり、やめたりしたとたんに思い出すというのもよくあることだ。

静かな心でいるとき、脳は怠けているどころか、いちばん活発に、的確に、休みなく動いている。

頭が悲鳴をあげるほど仕事が多く、頭がフル回転しているときは、その全く逆だ。ろくでもない考えしか思いつかず、ミスを招きやすい。考えなくてはならないことで頭がいっぱいになると、ごくごく小さいことにもくよくよする。考えることが多すぎると、つい過剰反応してしまう。スタートラインに立った短距離選手のように、いつも爆発一歩手前の極限状態にいるようなもの。

ちょっと思いどおりにいかないことがあると、ひどく動揺する。

パートナーや恋人がちょっと言い間違えると、自分への当てつけに聞こえる。

仕事場でちょっとした機械の故障が発生するとパニックになり、まるで一大事のように騒ぐ。

トラブルを受け入れる余裕はない。とにかく、脳がパンクしそうなのだ。

もちろん、頭をフル回転させなければならない場合もある。

しかし、多くの場合、頭を考えごとでいっぱいにする必要はない。かえって頭を空っぽに、スッキリさせておくほうがどれほど能率的か。一度試してみれば、これにはあなたも驚くはずだ。舞い上がっていたほこりがおさまると視界は鮮明になるが、頭の中も同じである。

頭の中で一度に考えることを、できるだけ少なくするように意識しよう。

〝集中〞によってあなたの〝眠れる知性〞が目覚めてくるのがわかる。

考える努力を必要としない知性——これが知恵と呼ばれるものだ。

Don't Sweat the Small Stuff

69 どんなささいな仕事も「命を吹き込めば」雑事にならない

呼吸をしているとき、私たちは呼吸をしていると自覚する。息を吸い、息を吐くのを感じる。

人の話を聞くときは、文字どおり全身全霊で聞こう。そして、自分が聞いていることを自覚する――。刻一刻とだ。

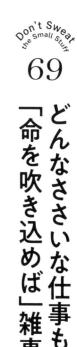

一瞬たりとも他のことを考えたりしてはいけない。たとえ考えたとしても、すぐさま「人の話を聞いている」状態に、すっと立ち返るのだ。

実行してみると、新しい世界を発見して、きっと驚くと思う。仕事で成功をおさめ、精力的に活躍している人の多くが、「『心を込めること』によって得た経験は、今までの人生の中で最も重要なものだ」と語ってくれた。

ガレージの掃除のようなありきたりの仕事でも心を込めてやれる。ぼうっとしたまま、がらくたを片づけたり掃除したりするのではなく、ガレージを掃除しているというその瞬間瞬間を、はっきりと自覚するのだ。

想像するのは難しいだろうが、こんな簡単なことで平凡な出来事も“非凡な体験”に変わるのである。まるで、その出来事に命を吹き込むようなものだ。これを実践し始めてから、私は日常の仕事や責任の多くを少しも面倒だと思わずに、感謝の念を持って行なえるようになった。


日々の、そして一瞬一瞬の行動に“心を込めること”を取り入れると、成果はまるで違ってくる。


その瞬間に行なっていることがより高いレベルで自覚され、命を与えられる。集中力が高まるので、より能力を発揮できる。

「心の充実」とは、雑念が心に浮かんできたとき、それを自覚することでもある。

これまた、言うは易く行うは難しだ。雑念は次から次へと浮かんでくる。実際、私たちは雑念の海で溺れる寸前なのに、それに気づきもしない。これでは、目を開けて眠っているのと大して変わりはない。

しかし、たとえ雑念が浮かんでも、それに気づくことができれば、すばらしい変化が起こり始める。

私は雑念が浮かんできたら、抵抗するのではなく、浮かんできたことをただ認めて、放っておくようにしている。

すると、それが恐れや怒りや不安であっても、以前ほど何とかしなくてはと思わなくなったのである。苛立ったりうろたえたりせずに、「また厄介なことを考えているな」とつぶやき、関わらないでいることができるようになった。

これは、平気なふりをしたり、無理に抑え込むのとは違う。その瞬間の現実に安住していると言ってもいい。ぜひ試してみてほしい。きっと、このシンプルな方法がもたらす効果に驚くはずだ。

Don't Sweat the Small Stuff

70 会社の「いいところ」を声高に叫ぼう

アメリカ中を旅して周った間に、現地の人たちとの話題の中心は何であったかという記録を取った。

すると、興味深い結果が出た。

ほとんどすべての人が、職場の人たちやパートナーや恋人の困った面についてばかり話した。逆に、よい面についてはなかなか聞かせてくれないのである。

実際、ほとんどの人は、よい面には触れようともしなかった。

たとえば、ニューヨークに住むある人は、7時までに出社しなければならないと不平を言った。しかし、よく聞いてみると、4時には退社できることがわかった。

また、オハイオ州のある人は、「うちの社長は、用もないのに日に一度は退屈なだけの会議を開かないと気がすまないんだ」と腹立たしげに話した。しかし、他の人から聞いた話では、この会社はその業界では珍しい」ことに、社員が休暇をとりやすいのだそうだ。

仕事のストレスがきついと不平を言う人もいたが、社内にジムがあったり、ノー残業デーを実施していたり、あるいは同じ業種の中では少し給料が高めであるなど、よい面もたくさんあったりする。だが、そういう話はまず表には出てこない。


どんな仕事にも、ストレスを感じることや厄介なことはあるし、妥協しなければならないことや、文句を言いたくなることもある。それを否定しようというのではない。しかし、そんな悪い面ばかりではなく、必ず何かよい面もあるはずだ。

それなのに、**どうしていつも厄介なことや欠点ばかりあげつらい、自分の仕事や人生のよい面は当たり前と受けとめるのだろう。**とてももったいないことだと思う。

ある男性が友人に「うちの妻には収入がない」と不満をもらすのを聞いた。しかし、数分後には、彼の奥さんは四人の子供を深い愛情をもって育てていることがわかった。


時々、首をかしげたくなるときがある。

どうも多くの人は、ほしいものはすべて手に入り、自分にはその資格があると思い込んでいるふしがある。仕事は楽しく、人間関係にも不満はなく、子供はスポーツ万能で成績優秀、そんな人生を本気で望んでいるようだ。

しかし、引っぱりだこになってみたいと言いながら、電話が鳴っただけで腹を立てる。やりがいのある仕事がしたいと言いながら、出張が多いのは困ると言う。

つくり笑いを浮かべろとか、人生を楽しんでいるふりをしろとか、厄介な雑用をありがたく思えと言うつもりは毛頭ない。

だが、**悪い面ばかりに注目していると、楽しいはずの人生もつまらなくなる。**

ふりをするにも、二つのパターンがある。つらいことがあっても楽しそうにふるまう人がいる一方で、それほどひどい状況でもないのに、何もかもうまくいかないと思う人もいる。

問題や厄介ごとを客観視するというのは単純なようだが、とても有効な考え方だ。

何ごとにもよい面と悪い面の両面があることを忘れなければ、今すぐ人生がストレスの少ないものになる。

Don't Sweat the Small Stuff

71

「私のせいではない」はいちばん恥ずかしい言葉

この本を書くための材料を集めている時、たくさんの人に「友人、部下のどんな言葉にいちばん腹が立ちますか」と質問した。いちばん多かった答えは、〝責任逃れの言い訳〟だった。

この言い訳が役に立たない理由を挙げてみよう。

まず第一に、誰も信用しない。ほとんどの人は、これを誠意のない言い逃れだと思う。だから、言っても無駄だ。誠意だけでなく、力量まで疑われることになる。

ほとんどの場合、率直にミスを認め、今後はさらに努力しますと言ったほうが、顧客にもよい印象を与える。

絶対とは言えないまでも、**ミスを認めることでわだかまりは消えることが多い。**顧客も納得し、一件落着だ。

しかし、それよりも重要なのは、あなた自身の自尊心の問題である。問題、誤解、ミス、エラーを「私のせいではない」と言うことで、あなたは自分に処理能力がないことを認めているのだ。自分に対して「私には能力がない」「私の力ではどうすることもできない」と言っているようなものだ。

熱意にあふれた有能な人間は、絶対に言い訳をしない。

自分は何か行動を起こせる、そして、関わっている仕事には責任を持つという態度で臨むはずだ。

なお、**言い訳を聞かされる立場になっても、怒ってはいけない。**

それがどんなに無意味であるかを理解しない人間に出くわしてしまっただけのことだ。気の毒な人だと寛容に受けとめよう。腹を立てるのではなく、こんなセリフを言ったのが自分でなくてよかったと思っていればいい。

Don't Sweat the Small Stuff

72 肩書はあなた自身ではない

自分を肩書そのものと考えていないだろうか。そのために、とてつもない苦しみを背負い込んでいる人は少なくない。

ある企業のイベントに出席した時、ダンという男性を紹介された。「はじめまして。マーケティング担当取締役のダンです」と彼は言った。一緒に会場を回っていると、彼はずっと「マーケティング担当取締役です」と自己紹介していた。彼にとって、自分は「ただのダン」ではなく、「マーケティング担当取締役のダン」であるのは明らかだった。

私はダンのように、自分の仕事にプライドを持っている人をからかうつもりはない。私が言いたいのは、自分が何者であるかということと、自分が何をしているかを区別しようということだ。そこには重要な違いがある。この違いに気づくと、とてつもない心の平和と満足感がもたらされる。

ある時、ウエイン・W・ダイアー博士が、「肩書＝自分だと思っていると、肩書がなくなった時に自分もなくなってしまう」と言うのを聞いた。まさに目からうろこが落ちる思いだった。

人間の価値とは、生計を立てるためにしている仕事だけで測れるものではない。私たちはさまざまな肩書や責任を持っているが、肩書そのものではないのである。

実業家という肩書を捨てた親友と話をしたことがある。

彼女は実業家として大成功をおさめたが、そろそろ新しい目標を見つけるべきだと思ったそうだ。

彼女は、私の知人の中で最も聡明な人間の一人だが、それでも「私から実業家という肩書をとったら、何が残るのだろう」という思いが何度も心によぎったそうだ。

私たちは、肩書＝自分と思い込んでいるので、もし肩書がなくなったら、自分が誰であるかがわからなくなってしまう。

そして、無名になること、肩書がなくなることにいつも怯えている。肩書に対する思い入れが強いために、もはや肩書が自分のものでなくなっても、なかなか手放せないこともある。

まず、自分は〝一人の人間〟であると認め、その次に肩書を考えてみる。大きな解放感を味わえるはずだ。

私はリチャードという一人の人間であり、スピリチュアルな存在である。そして、仕事の一つは本を書くことだ。この世に生まれてきた目的の一つを達成するために、この仕事をしている。

これは「自分は作家のリチャードだ」と考えるのとはずいぶん違う。これでは、もし本を書かなくなったら、私は私ではなくなってしまう。

私のめざす生き方とはこういうものだ。

仕事にはベストを尽くし、できるかぎり完璧にやり遂げるが、決して自分は肩書そのものでないことを忘れない。

この考え方でいくと、たとえ肩書が変化しても、肩書なんて小さなことだ。失敗もあれば成功もあるし、山あり谷ありだろうが、自分は自分だと思える。

この考え方について話すと、みな、まるで肩から重荷を下ろしたように、一様にほっとするようだ。

ある人は、「自分は肩書そのものではないと考えるようになってから、仕事のプレッシャーが軽くなりました。まるでやらねばならないことが減ったように感じるのですが、皮肉なことに、業績自体は上がっているんですよ」と言った。

私もずっと同じように感じているし、おそらくあなたもそう感じるだろう。

5章

〝今〟が出発点！「なりたい自分に変わる」16のマジック

〝心の魔法薬〟をもう、あなたは手にしている！

Don't Sweat the Small Stuff

73

「運が味方してくれる人」、絶対の共通点

私たちは、あら探しをしたり、人の話にけちをつけたり、欠陥を見つけることに関してはエキスパートである。この本にけちをつけようと思って読むなら、きっとこの本を嫌いになると思う。

どこかへ出かけてみたらとても混んでいたとか、子供の学校に問題があったとか、腹を立てることは簡単にできる。

いつだって、探しているものは目に入るようになっているのだ。たとえばホテルに泊まって文句をつけるネタを探せば、いくらでも見つかるだろう。

同じように、人に対して、あるいは生活様式、住んでいる場所、仕事についてあら探しを始めたらきりがない。

だが、この論理は逆の方向にも働く。

もし、よい面を探そうとすれば、それが駐車スペース、仕事、隣人、子供の学校、友人、行楽地など、何であろうと、きっと気に入るものが見つかる。

あなたはただ、条件や選択肢をいろいろ調べて、自分に合わないものや要求を満たさないものを除いていけばよい。実に簡単なことだ。

以前、仕事を辞めたいという人と話をしたことがある。

車のセールスの仕事は相手から断られることが多く、それに耐えられないというのだ。

ところが、話をしているうちに、彼は自分が今まで断られたことばかりに目を向けていたことに気づいた。

何とか契約成立にこぎつけたこともたくさんあったのである。一つ契約が成立した嬉しさを思えば、そのための苦労など、ものの数ではない。

彼は仕事に取り組む姿勢を変えた。その結果、断られてもあまり気にならなくなり、その結果、フラストレーションが減っただけでなく、売上成績も上がったのである。

ぜひ、今日からでもこの発想の転換を試してみてほしい。

自分の不運や不満を嘆いたり、怒ったりするのではなく、目を見開いて、辛抱強く、あなたがすでに「手にしているもの」を探してみる。

腹を立てるためのネタを探すのではなく、自分の好きなものを探してみる。

頭にくる人に目を向けるのではなく、そういう人は視界の外に追いやって、好感を持てる人、見ていて気持ちのいい人を見つけてみる。そして、そんな人が見つかったら、「ほら、いい人だっているじゃないか」とつぶやいてみよう。

結局、自分がどこへ目を向けるかという問題なのだ。

世間にあふれている腹立たしいことに対して、それがそこにあるというだけで目を向けるのか、それともほんのひと握りではあるが、好ましいことに目を向けるのか。

この発想の転換をすることで、毎日がどんどん楽しくなっていく。

Don't Sweat the Small Stuff

74 問題だらけの状況の中「いちばんいい解決策」がわかる秘訣

あのダライ・ラマでさえ、この世に対立がなくなる日がくるとは思っていないのではないだろうか。だから対立をなくそうと思ってはいけない。それは人類史上、これまで不可能なことだったからだ。

つまり、ほしいものがあっても我慢したり、あきらめざるをえない場合があるわけだが、それでがっくり気落ちする必要はないということだ。

たとえば、私が家を白のペンキで塗りたいと思っても、妻はグリーンがいいと言うかもしれない。残念ながら、家は一つしかない。それでもあなたは対立し続けるだろうか。

「あんまりじゃないか」とつぶやく前に、「人間社会に対立はつきものだ。どうってことないさ」と考えてみよう。

対立を客観的に見ることができれば、どれほどそれにとらわれずにすむか、きっと驚くと思う。

一歩下がって、大きな視点で状況を見ることができるようになる。物事の両面を冷静に見ることができる。平和に暮らそうと思ったら、譲り合いが必要だと納得できる。

友人に、大金がかかった交渉を仕事にしている男がいるが、彼からは多くのことを学ばせてもらった。

そのタフさもさることながら、結果に執着しない態度にはいつも感心させられる。どうなってもいいと思っているわけではないし、お金がほしくないわけでもない。それどころか、人一倍熱心に仕事をしている。

彼が教えてくれたのは、次のようなことだ。

商談には対立はつきもので、はじめからそういうものだと思っていればいい。双方ができるだけ自分に有利に事を運ぼうとし、大儲けしようと狙っているのは明らかなのだから。

「別に死ぬか生きるかって問題じゃないしね。パニックになる必要はないんだ」と彼は言う。

私はなるほどと思い、それ以来、この知恵を自分の生き方に取り入れている。思ったほど難しいことではない。百かゼロか、という考え方は今日からやめよう。あなたの辞書に「中庸」という言葉を刻もう。

もう、自分のほしいものや信念のために戦わないということではない。そうではなく、「いちばんいい解決策」をもっとよく考えるのだ。

自分から引くことも考えるようになると、前より自分の思いどおりに事が運ぶようになる。

心を広く持ち、相手の意見を受け入れるようになると、問題だらけの状況でも解決策がわかるようになる。あなたは心の平和を維持したまま、対立を解決する新たな方法を発見できるだろう。

Don't Sweat the Small Stuff

75 うっぷんは早めに晴らす

お手上げになるまで問題を悪化させたり、ため込んだりする人は多い。その結果、ある日突然、爆発する。これを防ぐには、適当にうっぷん晴らしをする必要がある。

ある女性は、同僚がいつも自分の名前を間違って発音することに苛立っていた。何年にもわたって、いったい何百回、間違えられたことだろう。しかし、どんなに頭にきても、口に出したことはないという。いつかは気づいて直してくれるのではないかと思っているのだそうだ。

この場合、ストレス解消のために、今すぐ相手に訂正を申し入れるべきだろう。いつか突然、爆発するよりずっといい。穏やかに話してみれば、十中八九、問題は解決するものだ。

これは、ささいな問題でも、たび重なると、ついにはとんでもないストレスになるという典型的な例である。同僚の癖に、あるいはパートナー、親、友人の癖にイラつき始めたら、自分の気持ちを率直に打ち明けてみるのがいちばんだ。

人によってストレスの解消法もさまざまだ。ジムで汗を流すのがいちばんと言う人もいれば、私のように、一人で過ごす時間を持ったり、自然に親しむのがいいと言う人もいる。

数日間、いや数時間でも日常から離れると、たまっていたストレスがすっと軽くなるのがわかる。ヨット、ハイキング、車の整備、読書といった趣味を持つのもいい。友人に、あるいはセラピストに話を聞いてもらうのがとても効果的だと言う人もいる。

ストレス発散のポイントは、爆発するまでため込まないで、早めにうっぷんを晴らしておくことのようだ。そうすれば、小さなことは小さいままですむ。

エクササイズがいいと思うなら、予防措置だと思って、ストレスでボロボロになる前に早めに実行しよう。どんな方法を取るにしても同じことだ。心身の健康を保つために必要だと思うなら、早め早めに手を打とう。今、すぐにだ。

Don't Sweat the Small Stuff

76 「誰かのために」があなたに〝幸運〟をもたらす

ほんの少し友人や家族、隣人のためになることをするだけで、とても豊かな気持ちになれ、充足感が得られる。

ほんの少しの時間（と、ほんの少しの愛）を費やすだけで、信じられないほどすばらしい気分が味わえる。人生の質を高めるのに、これほど効率のよい方法は他にはないと納得していただけるだろう。

週に1度（月に1度でもいい）、何時間かボランティア活動をしたり、近所の道路でゴミ拾いをする。早朝、会社のみなの机をふいたり、夜に家族の肩をもむといった簡単なことでいい。

組織に参加してもいいし、参加しなくてもいい。脈がありそうな人を誘ってみるのもいい。

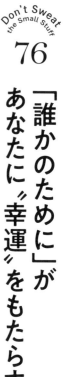

多くの人は、最初は何かの役に立ちたいという思いで始める。しかし、人の役に立つと同時に、それはとりもなおさず自分のためにもなっていることに気づく。

私心のない行為は、どんなことであろうと、あなたの精神に奇跡をもたらす。個人の狭い世界から、大きな人類愛の世界へ飛び出すことになる。個人的な問題や心配事を取り除き、心を解放し、考えを深めてくれる。

人の役に立つ活動は、人生の大切な1ページであるだけでなく、まさにハイライトだ。

一人ひとりが今よりほんの少し、人のために何かをしてみたらどうだろう。おそらく人間関係がよくなる、目を見張るような変化が表われるに違いない。世のため人のためになるだけでなく、自分自身の人生も、より豊かな、満ち足りたものになる。

Don't Sweat the Small Stuff

77 「あるがまま」を受け入れる

私の座右の銘に、僧璨《そうさん》（禅の三祖）の「至《し》道無《どうぶ》難《なん》、唯《た》だ揀択《けんじゃく》を嫌う（選り好みをしなければ、道を極めることは難しくない）」がある。私なりに解釈して、**何ごとに対しても「かくあるべし」と勝手な思い込みをしなければ、生きることは難しくない**ということだと思っている。

これもまた、言うは易く行うは難しである。しかし、言わんとするところはよくわかる。結局、何に対しても「かくあるべし」という思い込みがなければ、たいがいは幸福に暮らせるだろう。

頭では理解できても、実行に移すとなると、また別だ。私たちはどうしても、結果に執着してしまう。自分に有利な結果が出ることを願う。何かよい手はないだろうか。

たとえば、今度の休暇は友人4人と山にハイキングに行きたいと思っていたとする。計画を立て、みなに相談してみた。目的地の写真が載っている雑誌も見せた。あなたはやる気満々、真剣だった。

ところが、あなた以外は全員、海へシュノーケリングをしに行きたいと言い出した。さあ、どうする？　不機嫌になるか、怒鳴り散らすか。それとも、あるがままを受け入れて楽しい休暇にしようと心を決めるか。

この考え方は問題解決への大きな助けになるだろう。なぜなら、問題が休暇の過ごし方よりずっと重要なものであっても、このように考えることで、結果を穏やかな気持ちで受けとめられるからだ。

友人（子供や仕事仲間でもいい）が自分の思いどおりに動いてくれないとする。そんなとき、「そんなはずはない」と文句を言うのではなく、あるがままを受け入れようと自分に言い聞かせる。すると、たちまち気持ちが落ち着き、批判的にならずにすむ。

あるいは、リスクの大きい仕事に手を出して大損をしたとしても、自分を責めて無駄な時間とエネルギーを費やさずにすむ。現実をあるがままに受け入れることで、ずっと早くあきらめがつき、また再出発できるのだ。

結果に執着しないとは、無関心だったり、努力しないということではない。それどころか、自分の望みがかなうように最善の努力を尽くすことであり、精いっぱい関心を持つことである。

その上で、結果にはこだわらず、「あるがまま」を受け入れるのだ。なるようにしかならないのだから。

「選り好みをやめる」と決めると、生きていくのがどんなに楽になるか、きっと驚くと思う。

結局、何がいいかなど、誰にもわからないのだ。そう考えれば、一喜一憂せずに平静な心でいられる。

Don't Sweat the Small Stuff

78 「決めない」ことも「決断」の一つ

高校3年の時だった。志望大学をなかなか決められずにいた時、父が私を呼んで、こう言った。

「どうしたいのかは、お前が決めることだ。だがな、決めないというのも、また決断なんだよ」

頭をガーンと殴られたような気がした。

もちろん、父が言いたかったのは、私にはあらゆる決定や大学に入るために必要な手続きを先延ばしにする権利があるということだ。

そして、行動を起こさないこと（つまり、きっぱり決断しないこと）もまた決断だというのだ。この場合、それは大学へ行かないと決断するということだ。

ずいぶん前の話だが、それ以来、何かを決断する際に、この考え方にはずいぶん助けられた。また、決めないという決断もあると自分に言い聞かせることで、不安やストレスを大幅に減らせたこともあった。

たとえば、私はある金融機関にいくらか預金をしていた。もともとは使い道が決まるまでちょっと預けておくつもりだったのだが、いつしか2年が過ぎ、利子はほんのわずかしかついていなかった。ある日、友人から資産をどのように運用しているのかと尋ねられた。

特に対策を講じていないのを少し恥ずかしく思いながら、まだ決めかねていると答えた。彼は、父と同じように、何も手を打たないのは、最低の利子でかまわないという決断をしたのと同じだと注意してくれた。次の日、私は資産の一部を別の運用方法に回した。

決断をしない（あるいは決断を先延ばしする）ことも一つの決断であると肝に銘じておこう。

これは投票と同じだ。棄権という行為は、自分の選択の権利を誰かに譲ることだ。もっと日常生活を左右するような個人的な問題では、「行動を起こさない」とか、

「決断をしない」という道を選択すると、自分には人生を切り開く力がないように感じられ、落ち込むこともあるだろう。

この例はあらゆるところにある。体重が増加している上に、働きすぎだとする。このままの生活を続けると、健康を害し、体型が崩れ、気分も暗くなるだろう。決断をしないことは、この生活を続けるということである。つまり、人生がめちゃくちゃになってもかまわないという決断をしたことになる。

この考え方を理解すると大きな力になる。何も変えるつもりがなくても、それは自分が決めたことだと自覚できるからである。しかし、重要な局面では、できればしっかり決断してほしい。たとえば、エクササイズを始め、食生活を改善し、高金利のファンドに乗り換える。

この考え方によって、あなたの人生はぐっと楽なものになり、ストレスが少なくなると納得していただけるだろう。

「決めないのも決断だ」と心得ておけば、きっとよい決断ができるようになるはずだ。

Don't Sweat the Small Stuff

79 「3時間たったら」くよくよしよう

程度の差こそあれ、誰だって、腹を立てたり、イライラしたり、不安になったり、心配したり……とネガティブな気分になることはある。

しかし、時間が経つにつれて、少しずつおさまっていくことが多い。瞬間的に感情が高ぶることは別に問題ではない。厄介なのは、感情に振り回されて行動してしまうことだ。

数年前のこと、私はある人に待ちぼうけをくわされていた。

イライラするのはよそうと思っても、1分ごとに苛立ちは募っていった。彼が頼むからわざわざスケジュールを調整して時間をつくったのだ。おまけに今朝、念を押しておいたというのに。

10年前だったら、私は頭から湯気を出し、どれほどの損害を被ったかを計算しながらレストランを飛び出し、頭の中で、彼を思いっきり罵倒していたに違いない。

だが、その時の私にはちょっとした援軍があった。「ストップ。また後で」というテクニックである。

簡単に言うと、**とりあえず今は不問にしておいて、必要ならまた後で考えようと心に決めるのだ。**

この方法のすばらしさは、どんな問題であれ、後で考えると、たいがいは気持ちがおさまっているところである。

後で考えようと心を決めると、（過剰）反応を起こすのを事実上先延ばしすることになる。

「腹を立てたり、苛立ったり、嫉妬したりしないぞ」と考えるのではなく、「怒るのは後にしよう」と自分に言い聞かせるのだ。たいていの場合、気持ちを落ち着かせるのはよい考えだと認めるだけで、その場の激情はずいぶん和らぐ。

3時間たってもまだ腹の虫がおさまっていなかったら、思う存分怒ればいい。

この考え方は、ほとんどどんなことにも有効だ。

パートナーに、あるいは子供や恋人に腹の立つこともあるだろう。また、仕事で問題が発生したり、重要なプランをつぶされたり、誰かがミスをしたり、いろいろなことがあるだろう。

今度厄介な問題が起こったら、くよくよするのはやめて、「ストップ。また後で」のテクニックを試してみよう。きっとうまくいく。

Don't Sweat the Small Stuff

80 怒りが鎮まるまで、人に話しかけてはならない

「春来《きた》らば草自《おの》ずから生ず」

私はこのシンプルな禅の言葉が大好きだ。時には、〝物事なりゆき任せ〟も最善の方法だと諭してくれている。

先日、ある友人が私に、Aさんには全く頭にきていると打ち明けた。詳しい話をした後で、今夜にでもAさんと決着をつけると言い出した。

私は、「Aさんと話をするのは、もう2、3日待てないか」と言ってみた。彼はしばらく異論を唱えていたが、最終的には納得してくれた。

しばらく時間をおくことで、彼のAさんに対する怒りはおさまっていった。態度も和らいで、持ち前の思いやりと分別を取り戻した。すると、彼はAさんと和

やかで、心の通い合う会話を持てたのだった。

怒りをぶちまけて溝を深めることなく、彼はAさんの言い分に真剣に耳を傾け、Aさんの立場に立っていた。話し合いが終わる頃には、いい友人関係を築いていた。


誰かが私に憤慨しているとき、私はよくこの手を使う。

あれこれ弁解すると、問題がよけいこじれる場合があるので、相手が不満を発散させてしまうのを待つ。往々にして、それですべてが解決する。実際、放っておくことが最善の策なのである。

友人や身近な人との関係でも同じである。

無理強いしたり、しゃかりきになったりすると、相手の心が離れてしまう。

皮肉なことに、あなたの善意が裏目に出てしまうのだ。


なりゆきに任せてみると、不思議な力が働いて、仲を取り持ってくれることがある。

答えを求めてじたばたしたり、答えを知っているふりをしたりせず、一歩退いて、なりゆきに任せるのだ。

この、一見すると消極的な方法が、実際にはしばしば最善の結果をもたらすことにいつも驚いている。

最近では、〝なりゆき任せ〟というのはそれほど消極的な態度とは言えないのではないかと思えてきた。

無理に結果を出そうとじたばたするのではなく、なりゆきに任せることこそ、知恵の道であり、自然の流れに即した道なのかもしれない。

Don't Sweat the Small Stuff

81

こうすればストレスは自分でコントロールできる

「今を生きる」ことは、精神面における原動力として注目されており、私も、幸福で有意義な人生を送るためには、最も大切な概念だと思っている。

「今を生きる」のをおろそかにすると、恐れ、取り越し苦労、後悔、不安、ストレスに満ちた世界に生きることになる。いつも過去に引き戻され、つらい時代やトラブルを思い出しては、将来についてもくよくよと思い悩んでしまう。

今を生きているとき、心はスッキリと晴れ、何ごとでも、その時々のあるがままの姿が目に映る。この先どうなるかとか、人の思惑などを考えて気が散ることはない。疑いや恐れや不安で心が乱れることもないし、過去のつらい思い出（後悔や不幸な体験）を引きずることもない。

今を生きているときは、からっとした精神状態で、その時の自分になりきっている。

今という瞬間に集中しているのだ。誰かと一緒にいる時は、その人の話に熱心に耳を傾け、他のことを考えたりしない。

残念ながら、「今を生きる」態度は本を読むだけでは身につかない。シンプルな概念ではあるが、どうしても実践が必要になる。深く理解しようと思えば、体験を積むしかないのである。

今を生きていると、たとえ深刻な問題に対処する場合でも、ストレスが軽くなる。何年も前になるが、妻が大学生だった時、学生寮が火事になって部屋が全焼するという災難に見舞われた。所持品のほとんどが焼失してしまったのだが、彼女には「今を生きる」力が備わっていたので、絶望のどん底に落ちることはなかった。

このような状況では、多くの人は途方に暮れ、不幸なシナリオばかり考えて、頭の中がパニック状態になってしまう。そして、失った写真や宝物に思いをはせ、なくしたものに対する悲しみと将来への不安で、ただおろおろするばかりだ。

しかしながら、とりあえず命は助かったのだ。彼女の場合、自分を含めて、誰にもけががなくて本当によかったと、その幸運を喜んだのである。

私は火事にあうという体験を、大したことではないと言っているのではない。

「今を生きる」ということは、過去に必要以上にとらわれず、「今、この時」を歩んでいくということだ。

これを認識していないことがいかに多いかをわかってもらいたいのだ。

つらい、悲しい出来事を乗り越えるとき、「今、この時を生きる」という考え方がいかに役に立つか、わかっていただけると思う。いつもあなたを悩ませる出来事、人、状況に対応することがずっと簡単になる。

「今を生きる」ことを実践していくと、心が穏やかになり、それはあなたの一生の宝になる。何があっても、効率よく賢明に対処できる。同時に、ストレス・レベルも自分でコントロールできるようになるのだ。

Don't Sweat the Small Stuff

82

体の不調は「がんばりすぎだよ」のメッセージ

背中が痛むので、何が原因なのか、医師に相談してみた。そこで、非常に参考になるアドバイスをもらった。

「精神的なストレスが強くなると、背中の痛みも悪化するのではないですか」

まさに医師の言うとおりだった。怒り、不安などネガティブな方向へ考えが偏ると、背中が痛むのである。背中の痛みは「そんなに深刻にならず、気を楽にしてのんびり生きよう」と教えてくれるシグナルだったのだ。

以後、確実に自分のストレス・レベルをチェックする目安ができ、適切な処置が取れるようになった。背中がこわばってきたら、これが私の頭を冷やすタイミングなのだ。そんなときは何回か深呼吸をしたり、ウォーキングをしたりすることにしている。

多くの人から、同じような話を聞いた。ストレスがたまると首が凝るという人もいたし、お腹の調子が悪くなる人もいた。

ある講演の後、一人の医師と話をした。彼の場合、ストレスがたまると、気持ちが高ぶってどうしようもないのだという。この関係に気づくまでは、気持ちが高ぶるのを感じると、袖をまくりあげ、ますます仕事に精を出した。

それで一段とストレスが強くなった。そんな状態が際限なく続いた。

気持ちが高ぶるのは一種のサインだとわかったことで、状況が変わり始めた。それは、親友が「ちょっと肩の力を抜いて、客観的に周りを見てみよう」と言ってくれているようなものだ。

気が高ぶるという症状に注意していたら、それが何を言わんとしているかがわかるようになった。「間違いなく、ストレス・レベルは大幅に下がりました」と彼は言った。

体の症状に注意を払うようにすると、それが大切なメッセージを伝えていることがわかって、きっと驚くだろう。

Don't Sweat the Small Stuff

83 「明日の楽しみ」を数え上げる

今日、順調に進んだことを数えてみよう。たとえば、こうだ。

「いいこと日記」

①今朝も健康で目を覚ますことができた。
②家族全員が今日も健康に1日を迎えられた。
③時間に余裕を持って出社できた。
④仕事の電話もたくさんかかってきたし、プロジェクトも順調に進んでいる。
⑤3人の仕事仲間と楽しく昼食をとった。
⑥3人は別々の部署にいるのに、時間どおりに集まれた。
⑦オフィスのコンピュータがすべて正常に作動した。

⑧恋人が旅行から無事帰宅した。

あまりに小さな「いいこと」で驚いただろうか。

しかし、この「いいこと日記」を勧めてみると、教えてもらってよかったと多くの人から感謝される。

あなたも、ちょっと考えてみてほしい。きっと、すごい発見がある。

先日、あるグループを相手に講演した時、こんな質問を投げかけてみた。

「私たち全員が今日ここにこうして集まるためには、いったい、どれほど多くのことが順調に進まなければならなかったでしょう?」

出席者たちは考え込み、会場はしんと静まり返った。

ついつい、うまくいかなかったことばかりをぶつくさ言ってしまうが、大部分のことはうまくいっているのだ。

今日1日、世界中でどれほどのことが順調に運んだかを考えると、全く奇跡としか言いようがない。

コンピュータに交通機関、メールや電話、その他の高度なテクノロジー。

食品の流通と安全性、そのための温度管理や冷暖房。

交通の流れや荷物の配送などのスケジュール作成に情報伝達。

目覚まし時計が時間どおりに鳴り出した。

人々がやると言ったことをやってくれた。

もうやめてくれと言われるまで、いくらでも挙げることができる。


時々、私は楽天的すぎると言われる。だが、それはちょっと違う。いつも未処理の問題が山積し、試練の連続で、失敗も多々ある。

あなたと同様、いつもできるだけの努力をしている。それに、厄介な問題、遅延、飛行機のキャンセル、気難しい人、思うようにいかないこと、交渉決裂、子供や隣人との問題にいつも直面している。

しかし、こうしたトラブルも、順調にいっていることと比べたらなんてことはない。

「ニュース」と言えば、まず悪いニュースを考えるのが普通だ。

新聞社のニュース編集室で働く友人によると、「悪いニュース以外はニュースではない」のだそうだ。

もちろん例外もあるが、一般的に言って、彼の言うことは正しい。

「驚くべき1日。1万便の飛行機が事故もなく目的地に無事着陸」という見出しには誰も目もくれないだろう。

だから、たった一つ起こった事故が見出しになるのだ。

プライベートな事柄でも同じことだ。

小さな100の出来事は、それがどんなに恵まれたことであろうと、みな当たり前と受け取る。一方、大きく取り上げて人に話したりするのは、一つか二つの気に入らない事柄である。

とんでもない楽天家や能天気な人間がいいとは思っていない。

ただ、「**ほら、いろんなことがうまくいって、ここにこうしていられるのは、とて**

つもなくラッキーなことなんだよ」と言いたいのだ。

「順調にいったことを数えてみる」という戦略は、単純ではあるが、驚嘆と感謝の気持ちを取り戻すのに非常に効果的だ。

たまには算数にトライしてみるのもいいだろう。

今日あった「いいこと」を書き出したら、次に明日の「いいこと」も書いてみよう。

未来のことなんてわからないと思っていても、不思議とすらすら書ける。

明日は今日の延長線上にある。

明日の「いいこと」は今日の「いいこと」の延長線上にあるからだ。

Don't Sweat the Small Stuff

84

幸運は〝トラブル〟の仮面をつけてやってくることもある

これを書いているのは、シカゴのオヘア国際空港のパーキング・ゲートだ。しかし、どうも雲行きが怪しくなってきた。

というのは、一度は滑走路に出て離陸の順番待ちをしたのだが、かなり待たされた後に、「まことに申し訳ありませんが、トラブルが発生し、整備のためゲートへ戻ります」と機長のアナウンスがあった。

さらに待たされてから、飛行機は向きを変え、空いているゲートを探し始めた。だが、空きが見つかるまで、また待たねばならなかった。

待ちくたびれたころ、飛行機はやっとゲートへ移動した。整備士たちが飛行機に乗り込み、修理に全力を尽くしてくれている。どうも、さほど深刻なトラブルでもなさそうだ。

機内では興味深い光景が繰り広げられている。仕方がないと割り切っている人も少しはいるが、大部分の人は完璧にイラついている。納得できないとブツブツ言う声、困ったという泣き言で満ちみちている。

乗客（ほとんどは男性）は怒ったり、迷惑がったりしている。訓練された専門家のおかげで命を救われたというのに、だ。

その代償が2時間の遅れなら、私には安いものだと思える。

不満に思う理由はないと言っているわけではない。誰だって遅れるよりは時間どおりに着くほうがよい。ただ、メリットのほうがデメリットよりはるかに大きいということだ。

私は心から感謝していた。

優秀な技術者とテクノロジーによってトラブルが発見され、取り返しのつかない事態に至らずにすんだのである。

それなのに文句を言うのは、利己的で視野が狭いのではないだろうか。こうした専門家の尽力によって、私たちの命が守られているのだ。ありがたいことだと思う。

少し視野を広げて考えれば感謝すべきだとわかるはずなのに、ムッとすることはよくある。

たとえば、誰かがアドバイスしてくれたとき、非難されたように感じることはないだろうか。

だが、そのアドバイスが役に立ったり、問題解決の糸口になるかもしれない。それに、おそらく相手はあなたを非難するつもりなど毛頭なく、あなたに対する心配や愛情や、力になりたいという気持ちから発したひと言なのだろう。

また、家庭や仕事場で小さなトラブルが発生した場合を考えてみよう。すぐにカッとしてしまい、隠れた恩恵に気がつかないことが多い。

小さなトラブルに気づいて修正を加えたことで、重大なトラブルの発生を防げることは往々にしてある。

つい先日も、ある男性が交通事故に巻き込まれた。大事故には至らず、けが人も出なかったが、彼の車は壊れて修理に数百ドルかかることになった。ところが、保険に問題があることがわかり、彼はカンカンに怒った。

しかし、災い転じて福となった。車以外のものも、保険の額が実際の価値より著しく低く設定されていたのだ。この事故にあわなかったら、気づかないままで、いずれ大きな被害を受けたかもしれない。

トラブルに遭遇しても、ただニコニコしていればいいと言っているのではない。そういうタイプは大嫌いだ。

ただ、**人生には、表面的にはトラブルに見えても、実際はとてつもない恩恵である場合が多々ある。**

表面上のトラブルだけでなく、こうした恩恵に目を向けるようにすれば、心が和らぎ、人生もグッと豊かなものになる。

Don't Sweat the Small Stuff

85

「1年後に存在しない問題」は気にしない

私は何か問題を相談されたら、「それは、1年たっても重要な問題なのか」と自分に問いかけてみることをお勧めしている。

すると、大勢の人から、こんなことは考えたこともなかったが、いざ実行してみると、日々のささいな問題を大きな視野でとらえることができるようになったと感謝される。

1年後に問題にならないのなら、今だってそんなに大きな問題ではないだろうし、たとえ今は問題だと思えても、それほどくよくよする必要はない。

対処しなくてはならない問題は山のようにあるのだから、この基準に照らし合わせてばっさり切り捨てていけば、その分、もっと重要な問題に力を入れることができる。

何も無能な部下や飛行機の遅れにイラつくな、と言っているのではない。ただ、軽く受け流して、「思いどおりにならないこともある」と考えたほうが楽だ。そうすれば、小さなトラブルや失望はずっと対処しやすいものになり、もっとハッピーで有能な人間として生きていける。

もちろん、1年後も重要な問題は確かにある。

家族の死をはじめとする悲しい出来事、重い病気やけが、こうしたものは一年後だけでなく、その後もずっとあなたの人生に影を落とす。「1年後の基準」では測ることができない、深刻な問題は数多くある。

だが、私たちがくよくよ考えていることの大部分には、この基準が適用できる。冗談半分に、何人かの人にいちばん頭の痛い（が、生死に関わるものではない）心配事を二、三挙げてもらった。

厄介な取引先や顧客、隣人との言い争い、渋滞や駐車場の問題、妻や恋人とのいさかい、生意気な子供、コンピュータの不具合……。だいたい、こんなところである。

リストアップされた項目をチェックしてみると、どれも1年後には問題にならないことは一目瞭然だ。ほとんどは、2、3日でどうでもよくなってしまうだろうし、1

時間もかからずに解決できるものもありそうだ。だから、そう遠くない将来に問題でなくなるとわかっていることに、くよくよしなくてもいいのではないか?

繰り返すが、悩まないふりをする必要はない。

そうではなくて、**「こんな小さなことは実際に悩むほどのことではない」と気づくことがこの考え方のポイントだ。**

いつも悩まされている問題をこの「1年後の基準」に当てはめてみよう。おそらく、よい方向へ進んでいける。

Don't Sweat the Small Stuff

86 未来は過去の中にある

ある人は両親の育て方に不満を持っていて、30年以上も前の思い出を3つばかり話してくれた。それで私は、ある大原則を思い出した。

「人は過去の出来事に腹を立てるのではない。いまだに過去の出来事にとらわれている自分に腹を立てているのだ」

もし、過去の出来事そのものが元凶なら、私たちは四六時中腹を立てることになる。歴史上、数え切れないほどの不幸な事件が起こっているし、あなたにもつらい出来事があっただろう。それでも、こうして何ごともなかったような顔で暮らしている。

問題は、過去の出来事を思い出したときだ。まるで、もう一度同じことが起こっているかのようにありありと思い出し、たやすく心を奪われてしまう。

過去は単なる思い出（時を超えて運ばれてきた雑念）にすぎない。

こう考えれば、過去の出来事も広い視野でとらえて、水に流すことができる。

そうでなくては、人生は非常に苦しいものになってしまう。つらい出来事を思い出すたびに、そのつらさをもう一度味わうことになるのだから。

だが、過去の思い出をただの雑念ととらえれば、ずっと簡単に無視する（少なくとも重要視しない）ことができる。

ある人から、このアイデアにぴったりの話を聞いた。

彼は大きなプロジェクトに関わっており、完成が間近に迫っていた。骨の折れる仕事で忙しい日々だったが、彼はそのほとんどをうまくこなしてきた。

ふと、前の雇用主のことを思い出した。

この仕事に関しては、彼に最後まで信頼を寄せてくれなかった。

自分を信頼していない男のために仕事をしていた時の気持ちがよみがえり、腹が立ってきた。思いは次から次へと浮かんできて、ついに胸の中が怒りでいっぱいになってしまった。

その時、はっと気づいた。これはすべて過去の感情である。

「おかしな話ですが、まるで今現在の現実であるかのように錯覚していました。しかし、その瞬間、これはただの思い出で、自分がリアルに感じているだけだと気づいたのです」

現在、彼は過去の怒りの感情にとらわれることなく、思う存分に仕事に取り組んでいる。この話には学ぶべきことが多い。

「未来は過去の中にある」

しかし過去にとらわれるのは間違いだ。

過去の失敗、成功を踏まえて、前に進んでいくのだ。

過去の出来事は、現実の感情に姿を変えてよみがえり、私たちにつきまとう。

だが、こちらがその計略に乗らなければ、私たちを傷つけることはできないのだ。

このことを肝に銘じておこう。

今、あなたの目の前に開かれているのは信じられないくらい自由でエキサイティングな“未来という旅”なのだ。

Don't Sweat the Small Stuff

87 「初めてだった頃」の気持ちになってみる

興味を持って新しい仕事、趣味を始めたり、教室に通い始めたりした経験があると思う。上手下手も気にならないほど、何かに没頭したこともあるだろう。

また、友人が仕事や恋愛に夢中になっている楽しげな様子に、見ているほうも楽しい気分になったことはないだろうか?

そんな経験があるなら、あなたは〝初心〟というものを経験ずみ、あるいは少なくとも、それがどんなものかをご存じということになる。

アメリカに禅を伝えた鈴木俊隆《しゅんりゅう》老師は、「初心とは、多くを期待することなく、一瞬一瞬に新鮮に反応することだ」と言われた。

今までのやり方にとらわれず、条件反射的に行動するのをやめると、自分の考えや判断や期待を投影することなく、その瞬間そのものを体験できるという意味だろう。初心に返ると、さまざまなすばらしい変化が起こり始める。物事を決めつけなくなるので、苛立ったりストレスを感じたりすることが減る。

たとえば、誰かがあなたの気に障《さわ》ることをしても、「何でそんなことをするんだ」などと腹を立てずに、受け流すことができる。

また、自分を責めることもなくなる。

初心とは能力的に低い状態だと考えるのは間違いだ。初心とは、偏見がなく、自分が何もかも知っているわけではないと認める心である。

それ自体、すぐれた知恵を備えている。

あなたが熟練者でないとか、深い考えを持っていないというのとは違う。

物事を違った視点から見たり、未知のことを学び、わくわくする喜びに心を開くことができるということだ。

厄介な問題に直面したときは、誰しも不安になったり、後ろ向きになったりしてしまうものだ。

頭の中で、考えつくかぎりの悪い結末をあれこれ予想する。そして、自分が望む方向に進まないことにやきもきし、ストレスをためる。

うまくいかない場合をリハーサルすることに多大なエネルギーを使う。

初心の状態では、ネガティブな結末をあれこれ考えることがない。新鮮な気持ちで判断することができる。

毎日というのは基本的に同じことの繰り返しである。だんだんと色あせて見えることもあるだろう。

ちょっとした工夫でわくわくとした気持ちがよみがえり、同じような毎日がグンと気持ちよく過ごせるようになるのだ。

Don't Sweat the Small Stuff

88 全力を尽くせ！

ある人が私に、今までの人生において自分がどんなに不幸であったかを、打ち明けた。

「仕事も恋愛もうまくいかない。どうやったって、うまくいかないんだ」と言う。

私は本書でも述べてきたような「今の考え方と真逆の意見を考えてみてください」「目の前の問題に〝集中〟していますか？」「初めての恋の喜び、初めての仕事の喜びを思い出してみて」「何もかも人のせいにしていませんか」といったアドバイスをした。

しばらく私と話をした後、その人は自分が「小さなことにくよくよしていて」、視野が大変狭くなっていることに気づいた。

彼は最悪の結果を予想せず、自分を人と比較せず、前向きにベストを尽くしてみた。

何が起ころうと受けとめる覚悟で、「やるべきこと」に心を集中させたのだ。

そして、「どうせダメだろう」と決めつけることなく、まっさらな気持ちで自分をぶつけた。

驚いたことに、この決意が彼にとって重要な転機となった。再出発への扉が開かれ、初心に返ることがいかに大切かが証明されたのである。

禅の高僧になったり、瞑想の修行をしたりしないと初心の恩恵にあずかれないわけではない。あらゆる可能性に心を開いていればいいのだ。

何でも決めつけるのをやめ、いつもまっさらな気持ちで生きていこう。

この考え方を実行すれば、ストレスは減り、毎日の暮らしはまったく違ったものになる。

最後にこの言葉をあなたに贈りたい。

「全力を尽くせ！」

私もあなたと一緒に挑戦し続ける！


（了）

＊ “今”が出発点！「なりたい自分に変わる」16のマジック

本書は、小社より刊行した同名の文庫本を再編集し、フジモトマサル氏のイラスト作品を収録したものです。

P.3〜12、17、22、25、29、32、98、102、109、112、131、134、137、141、144、200、236、285に掲載のイラストの初出はミムラ（現　美村里江）エッセイ『まみむメモ』挿絵（OCN「Talking Japan」2009-2012）

小《ちい》さなことにくよくよしない88の方法《ほうほう》

著　者――リチャード・カールソン
訳　者――和田秀樹（わだ・ひでき）
イラスト――フジモトマサル
発行者――押鐘太陽
発行所――株式会社三笠書房
〒102-0072 東京都千代田区飯田橋3-3-1
電話：(03)5226-5734（営業部）
：(03)5226-5731（編集部）
https://www.mikasashobo.co.jp
印　刷――誠宏印刷
製　本――若林製本工場

編集責任者　本田裕子
ISBN978-4-8379-5802-4 C0030